ESSENTIAL ELEMENTS FOR BAND

MÉTHODE COMPLÈTE POUR ORCHESTRES ET HARMONIES SCOLAIRES

TIM LAUTZENHEISER **JOHN HIGGINS** **CHARLES MENGHINI**
PAUL LAVENDER **TOM C. RHODES** **DON BIERSCHENK**

Faire de la **MUSIQUE** c'est... **M**ettre chacun au centre d'une aventure artistique unique.
Utiliser les talents individuels pour la réussite d'un projet collectif.
Savoir écouter, respecter, partager et communiquer avec les autres.
Inventer de nouvelles couleurs pour créer un monde harmonieux,
Qui développe la créativité et renforce la confiance en soi.
Utiliser un espace de plaisir centré sur un langage universel.
Enrichir le quotidien dans tous les domaines de la vie.

LA MUSIQUE : un élément essentiel de la vie !

HISTOIRE DU HAUTBOIS

Les origines du hautbois remontent au chalumeau de la fin du XIIIe siècle. La famille des instruments à anche double jouait un rôle important dans la musique du Moyen Âge (500-1430).

L'invention du hautbois, vers 1660, est attribuée au Français Jean Hotteterre. Utilisé d'abord essentiellement pour doubler le violon, il devint, au XVIIIe siècle, un instrument soliste qui a conservé un rôle fondamental au sein de l'orchestre. Au XIXe siècle, le hautbois échangea ses trois clés initiales contre un système complet de clés et de leviers dérivé du système de Boehm pour la flûte et principalement élaboré par les facteurs français et allemands.

La famille des hautbois comprend le hautbois en Ut (le plus courant), le hautbois d'amour (en La) et le cor anglais (en Fa). Dans les orchestres symphoniques et à vent, le hautbois joue en soliste et accompagne les autres instrument de la famille de bois. C'est l'instrument à anche double le plus aigu.

Le hautbois figure dans l'oeuvre de grands compositeurs tels que Carl Philipp Emmanuel Bach, Wolfgang Amadeus Mozart, Ludwig van Beethoven, Gustav Mahler et Richard Strauss. Heinz Holliger, Maurice Bourgue et John DeLancie sont des hautboïstes célèbres.

"Code d'activation pour l'etudiant"
E10B-FR11-1159-3136

ISBN 978-90-431-2359-4

7777 W. BLUEMOUND RD. P.O. BOX 13819 MILWAUKEE, WI 53213

ÉLÉMENTS DE BASE

Posture

Asseyez-vous sur le bord de votre siège et conservez toujours :

- Le dos bien droit
- Les épaules décontractées
- Les pieds à plat sur le sol

Respiration et souffle

La respiration est un acte naturel et constant. Bien respirer est essentiel pour produire un son ample et rond. Pour contrôler la respiration, effectuez l'exercice suivant :

- Placez la paume de votre main en face de votre bouche.
- Inspirez profondément, sans soulever les épaules. Votre ventre se gonfle comme un ballon.
- Murmurez doucement « tu... » en expirant l'air progressivement dans votre paume.

Le souffle forme une colonne d'air qui produit des sons lorsqu'elle traverse l'instrument. La langue agit comme une valve ou une soupape qui laisse passer l'air.

Produire un son

L'embouchement est la position des lèvres sur l'anche de l'instrument.
Comme il faut du temps et des efforts pour obtenir un bon embouchement, suivez attentivement les étapes suivantes :

- Faites tremper l'anche dans un petit récipient rempli d'eau, comme la boîte d'une pellicule photo.
- Ouvrez la bouche de manière à ce que vos dents soient légèrement écartées.
- Sortez l'anche de l'eau. Retournez la lèvre inférieure sur les dents du bas et posez doucement l'extrémité de l'anche au milieu de votre lèvre.
- Retournez la lèvre supérieure sur les dents du haut et fermez les lèvres sur l'anche. Vos lèvres la soutiennent. Ne la touchez surtout pas avec les dents.
- Ajustez la position de l'anche pour que le bout touche à peine votre langue.

Entretien de l'instrument

Lorsque vous avez fini de jouer, avant de ranger l'instrument dans son étui :

- Retirez l'anche avec précaution et soufflez dedans. Rangez-la dans sa boîte.
- Démontez l'instrument en sens inverse de l'assemblage. Essuyez chaque partie avec un écouvillon.
  Si l'écouvillon est muni d'un poids, faites passer celui-ci dans chaque tube et tirez. Rangez chaque partie à sa place dans l'étui.

EXERCICE D'EMBOUCHEMENT

L'anche montée sur l'instrument, formez votre embouchement et inspirez profondément sans lever les épaules. Murmurez « tu... » en expirant progressivement l'air de vos poumons. Efforcez-vous de produire un son uniforme.

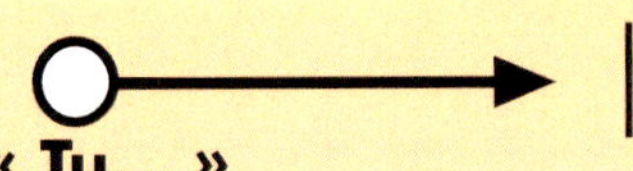

PAUSE

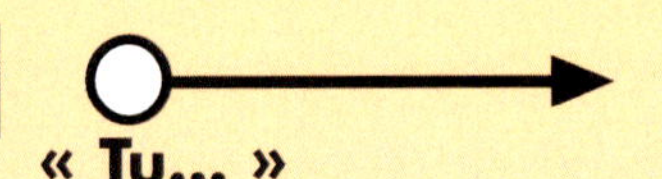

PAUSE

Prise en main

Étape 1 Faites tremper l'anche (voir page 2). Au besoin, appliquez un peu de graisse sur les lièges des tenons. Lavez-vous les mains.

Étape 2 Tenez le corps du haut de la main gauche en posant les doigts sur les clés rondes. De la même manière, saisissez le corps du bas de la main droite. Avec précaution, assemblez les deux parties en tournant légèrement. La clé de correspondance du corps du haut doit se trouver exactement au-dessus de celle du corps du bas.

Étape 3 Tenez l'instrument de la main gauche et prenez le pavillon de la main droite. Appuyez sur la clé de pavillon pour soulever l'équerre de correspondance. Glissez le pavillon sur le liège. L'équerre de correspondance doit se trouver exactement au-dessus de l'extrémité de la double équerre.

Étape 4 Mettez l'anche entre vos lèvres (voir page 2). Formez votre embouchement et soufflez fort pour évacuer l'eau de l'anche. Cela devrait produire un sifflement bruyant. Avec précaution, glissez le liège de l'anche dans la piperelle.

Étape 5 Placez le pouce droit sous le support de pouce. Placez le pouce gauche juste en dessous de la clé d'octave. Les doigts doivent se recourber naturellement. Tenez le hautbois comme sur le dessin.

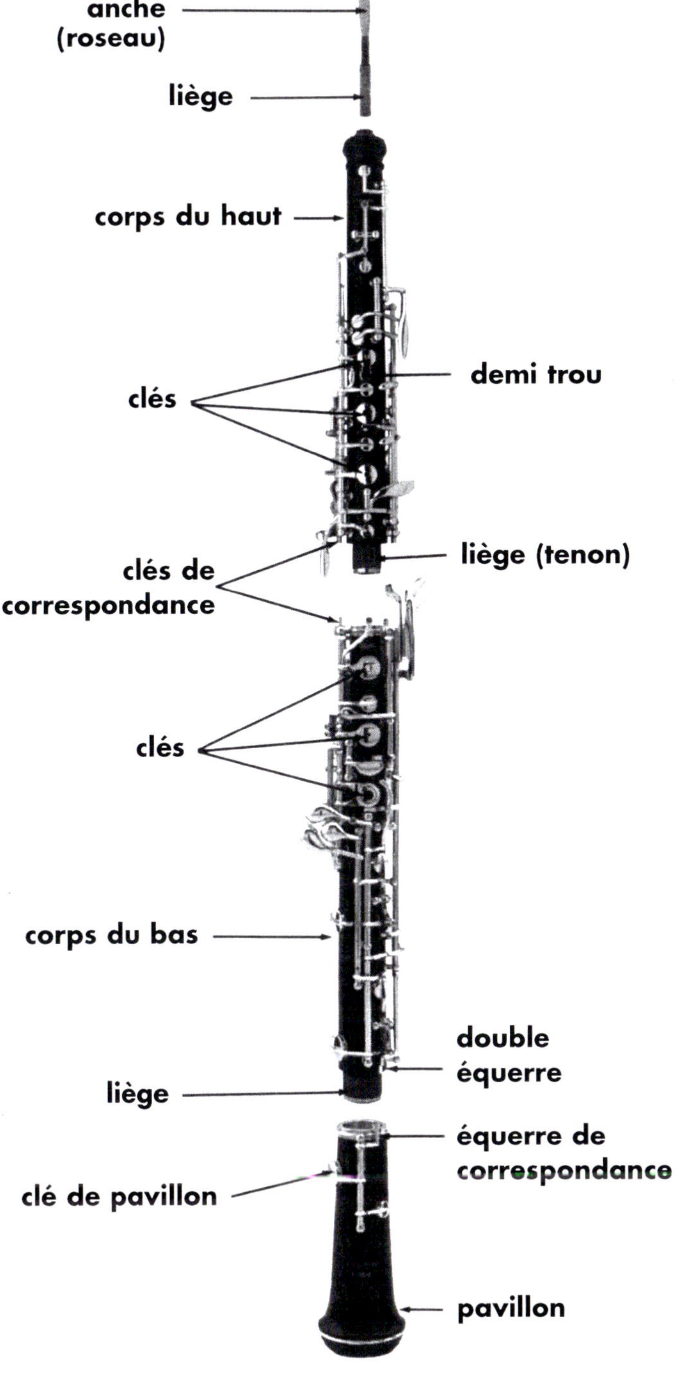

SOLFÈGE

Identifiez et dessinez chacun de ces signes

Portée

La **portée** se compose de 5 lignes et 4 interlignes où l'on écrit les notes et les silences.

Lignes supplémentaires

Les **lignes supplémentaires** sont ajoutées au-dessous ou au-dessus de la portée pour écrire les notes qui se trouvent en dehors de celle-ci.

Mesures et barres de mesure

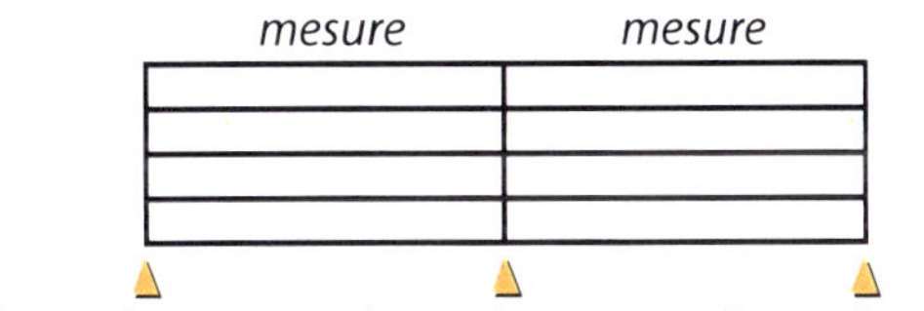

Les **barres de mesure** divisent la musique en **mesures**.

Note longue ○⟶

Pour commencer, nous prendrons une note en valeur longue. Tenez la note jusqu'à ce que le professeur vous dise d'arrêter. Travaillez les notes soutenues tous les jours pour améliorer votre son.

1. LA PREMIÈRE NOTE

Tenez chaque note longue (sans mesure) jusqu'à ce que le professeur vous dise d'arrêter. CD 1 / 1

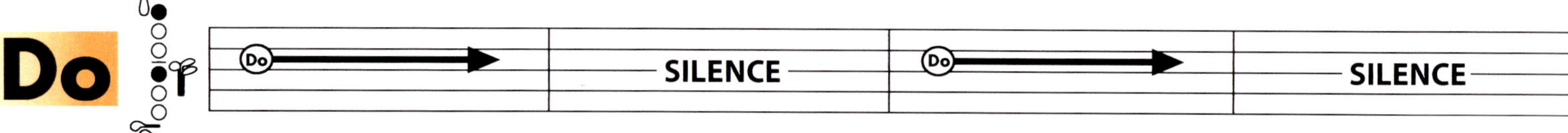

▲ *Pour jouer le Do, placez vos doigts sur les clés comme ci-dessus.*

Les temps

Les **temps** marquent le rythme de la musique. Comme les battements du cœur, ils doivent être très réguliers. Pour cela, il est utile de compter à haute voix ou de taper du pied. Abaissez le pied sur chaque chiffre et relevez-le sur chaque « et » (&).

Un temps ou battement = 1 &
↓ ↑

Notes et silences

Les **notes** s'écrivent sur les lignes et dans les interlignes de la portée. Plus la note est placée sur les lignes ou dans les interlignes supérieures de la portée, plus elle est aiguë. Les figures (formes) de notes indiquent la durée des sons. À chaque figure de note correspond une figure de silence de même durée. Les **silences** indiquent le nombre de temps silencieux.

♩ **Noire = 1 temps**
𝄽 **Soupir = 1 temps de silence**

2. COMPTEZ ET JOUEZ

CD 1 / 2

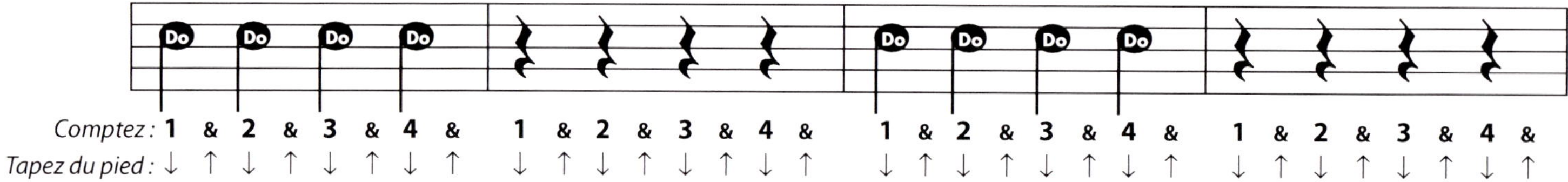

3. UNE NOUVELLE NOTE

CD 1 / 3

Vérifiez le doigté.

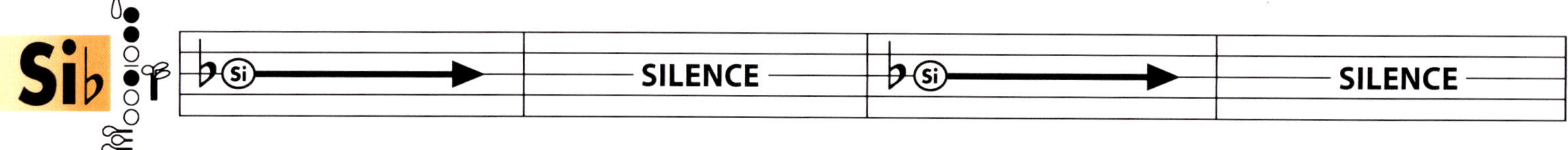

4. UNE BONNE ÉQUIPE

CD 1 / 4

5. LE CHEMIN D'EN BAS

CD 1 / 5

Travaillez toutes les nouvelles notes sur des valeurs longues.

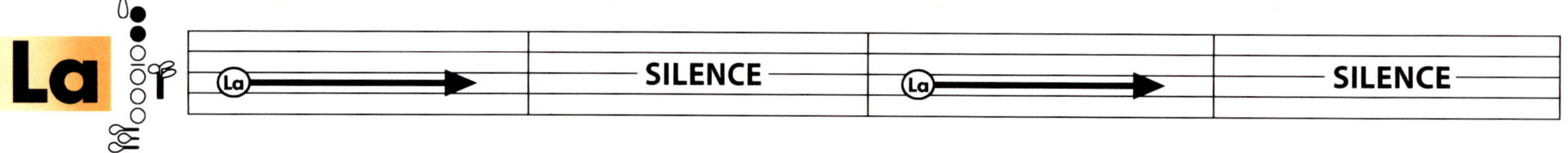

6. LA MONTÉE

CD 1 / 6

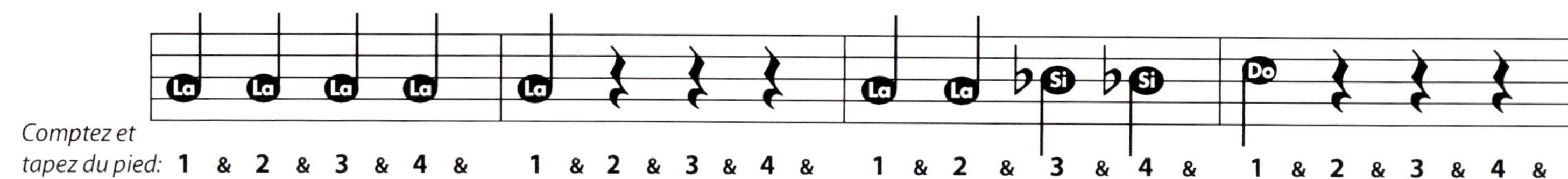

Note longue 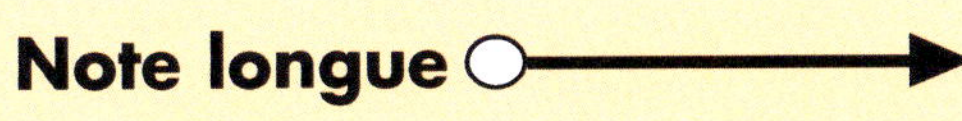

Pour commencer, nous prendrons une note en valeur longue. Tenez la note jusqu'à ce que le professeur vous dise d'arrêter. Travaillez les notes soutenues tous les jours pour améliorer votre son.

1. LA PREMIÈRE NOTE

Tenez chaque note longue (sans mesure) jusqu'à ce que le professeur vous dise d'arrêter. CD1/1

Fa

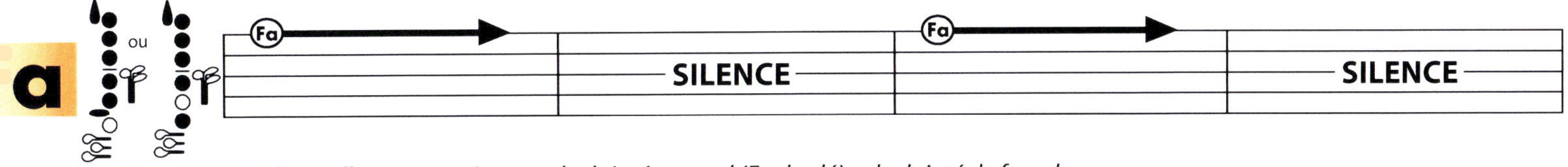

Travaillez cet exercice avec le doigté normal (Fa de clé) et le doigté de fourche.

Les temps

Les **temps** marquent le rythme de la musique. Comme les battements du cœur, ils doivent être très réguliers. Pour cela, il est utile de compter à haute voix ou de taper du pied. Abaissez le pied sur chaque chiffre et relevez-le sur chaque « et » (&).

Un temps ou battement = 1 &
↓ ↑

Notes et silences

Les **notes** s'écrivent sur les lignes et dans les interlignes de la portée. Plus la note est placée sur les lignes ou dans les interlignes supérieures de la portée, plus elle est aiguë. Les figures (formes) de notes indiquent la durée des sons. À chaque figure de note correspond une figure de silence de même durée. Les **silences** indiquent le nombre de temps silencieux.

Noire = 1 temps

Soupir = 1 temps de silence

2. COMPTEZ ET JOUEZ

CD1/2

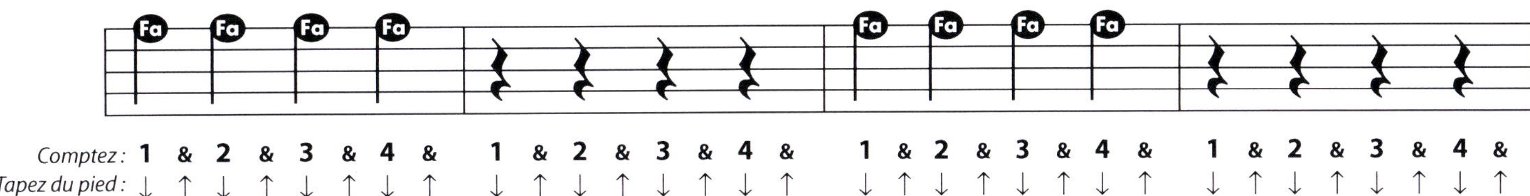

Comptez : 1 & 2 & 3 & 4 & 1 & 2 & 3 & 4 & 1 & 2 & 3 & 4 & 1 & 2 & 3 & 4 &
Tapez du pied : ↓ ↑ ↓ ↑ ↓ ↑ ↓ ↑ ↓ ↑ ↓ ↑ ↓ ↑ ↓ ↑ ↓ ↑ ↓ ↑ ↓ ↑ ↓ ↑ ↓ ↑ ↓ ↑ ↓ ↑ ↓ ↑

3. UNE NOUVELLE NOTE

CD1/3

Vérifiez le doigté.

Mi♭

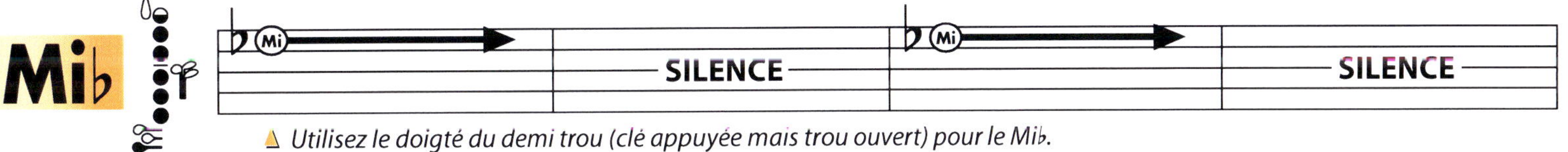

Utilisez le doigté du demi trou (clé appuyée mais trou ouvert) pour le Mi♭.

4. UNE BONNE ÉQUIPE

CD1/4

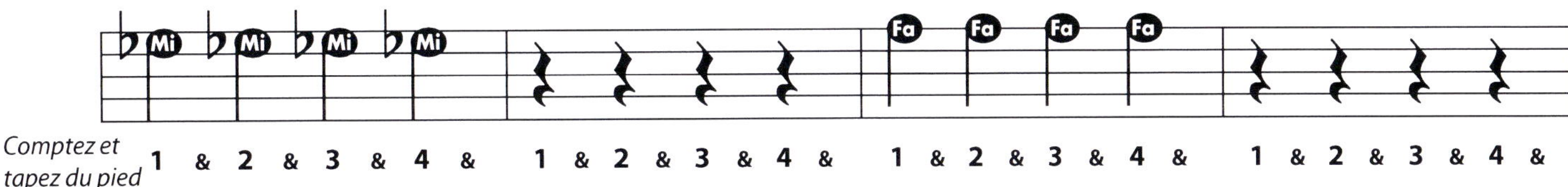

Comptez et tapez du pied 1 & 2 & 3 & 4 & 1 & 2 & 3 & 4 & 1 & 2 & 3 & 4 & 1 & 2 & 3 & 4 &

5. LE CHEMIN D'EN BAS

CD1/5

Travaillez toutes les nouvelles notes sur des valeurs longues.

Ré

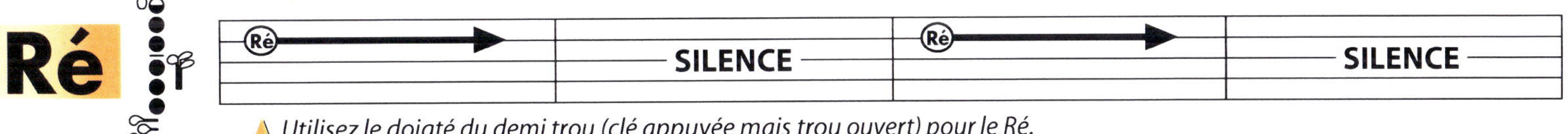

Utilisez le doigté du demi trou (clé appuyée mais trou ouvert) pour le Ré.

6. LA MONTÉE

CD1/6

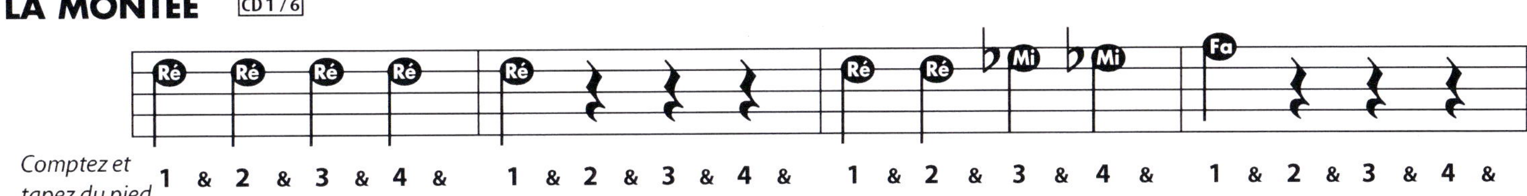

Comptez et tapez du pied 1 & 2 & 3 & 4 & 1 & 2 & 3 & 4 & 1 & 2 & 3 & 4 & 1 & 2 & 3 & 4 &

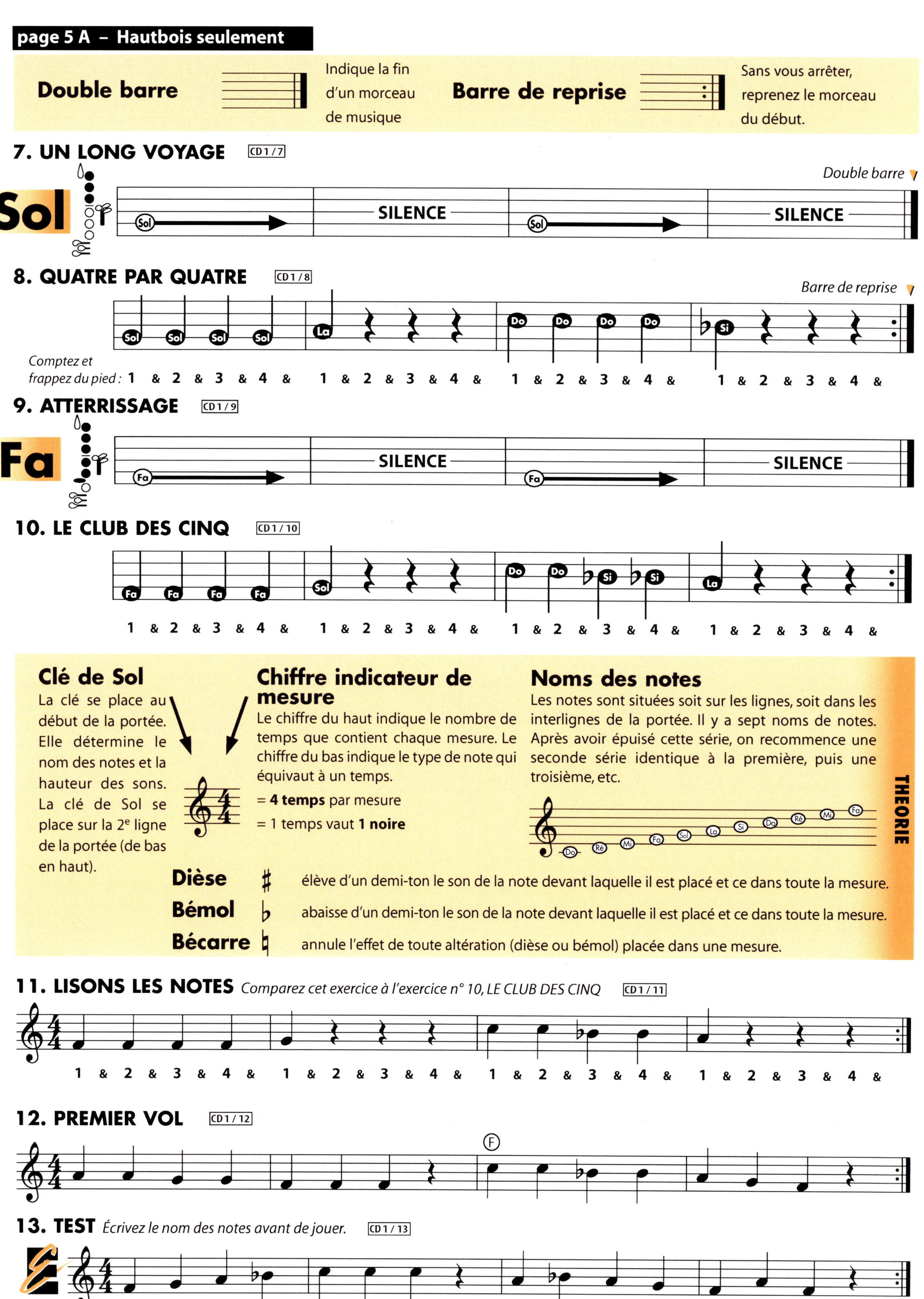
page 5 A – Hautbois seulement
Double barre
Indique la fin d'un morceau de musique
Barre de reprise
Sans vous arrêter, reprenez le morceau du début.
7. UN LONG VOYAGE CD1/7
Double barre
Sol
SILENCE
SILENCE
8. QUATRE PAR QUATRE CD1/8
Barre de reprise
Sol Sol Sol Sol La Do Do Do Do Si
Comptez et frappez du pied : 1 & 2 & 3 & 4 &
9. ATTERRISSAGE CD1/9
Fa
SILENCE
SILENCE
10. LE CLUB DES CINQ CD1/10
Fa Fa Fa Fa Sol Do Do Si Si La
1 & 2 & 3 & 4 &
Clé de Sol
La clé se place au début de la portée. Elle détermine le nom des notes et la hauteur des sons. La clé de Sol se place sur la 2e ligne de la portée (de bas en haut).
Chiffre indicateur de mesure
Le chiffre du haut indique le nombre de temps que contient chaque mesure. Le chiffre du bas indique le type de note qui équivaut à un temps.
= 4 temps par mesure
= 1 temps vaut 1 noire
Noms des notes
Les notes sont situées soit sur les lignes, soit dans les interlignes de la portée. Il y a sept noms de notes. Après avoir épuisé cette série, on recommence une seconde série identique à la première, puis une troisième, etc.
Do Ré Mi Fa Sol La Si Do Ré Mi Fa
THEORIE
Dièse ♯ élève d'un demi-ton le son de la note devant laquelle il est placé et ce dans toute la mesure.
Bémol ♭ abaisse d'un demi-ton le son de la note devant laquelle il est placé et ce dans toute la mesure.
Bécarre ♮ annule l'effet de toute altération (dièse ou bémol) placée dans une mesure.
11. LISONS LES NOTES Comparez cet exercice à l'exercice n° 10, LE CLUB DES CINQ CD1/11
1 & 2 & 3 & 4 &
12. PREMIER VOL CD1/12
F
13. TEST Écrivez le nom des notes avant de jouer. CD1/13
Fa Sol La

Double barre — Indique la fin d'un morceau de musique

Barre de reprise — Sans vous arrêter, reprenez le morceau du début.

7. UN LONG VOYAGE CD 1/7

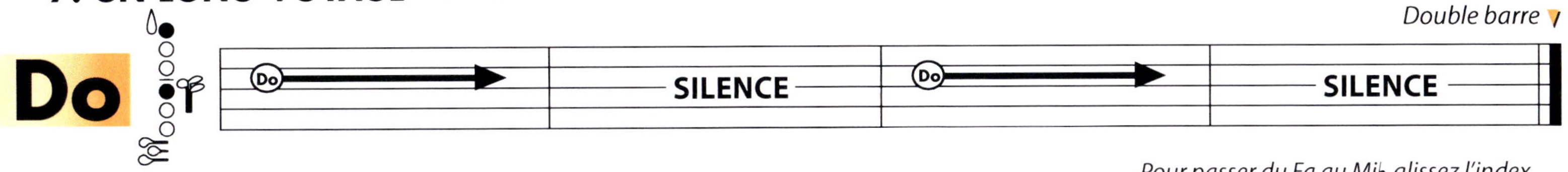

Do

Double barre

Do — SILENCE — Do — SILENCE

8. QUATRE PAR QUATRE CD 1/8

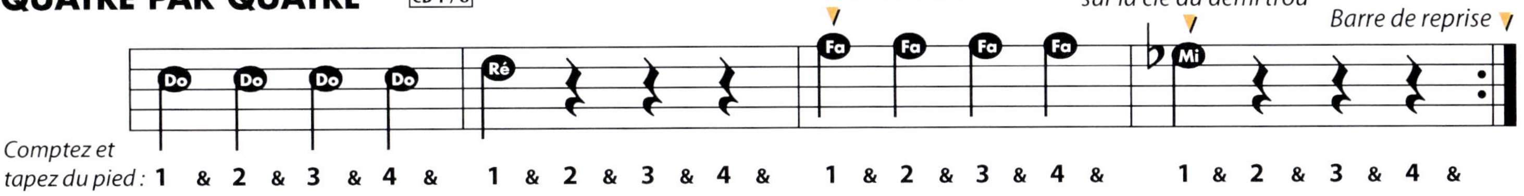

Fa de fourche

Pour passer du Fa au Mi♭, glissez l'index sur la clé du demi trou

Barre de reprise

Do Do Do Do | Ré | Fa Fa Fa Fa | ♭Mi

Comptez et tapez du pied : 1 & 2 & 3 & 4 & 1 & 2 & 3 & 4 & 1 & 2 & 3 & 4 & 1 & 2 & 3 & 4 &

9. ATTERRISSAGE CD 1/9

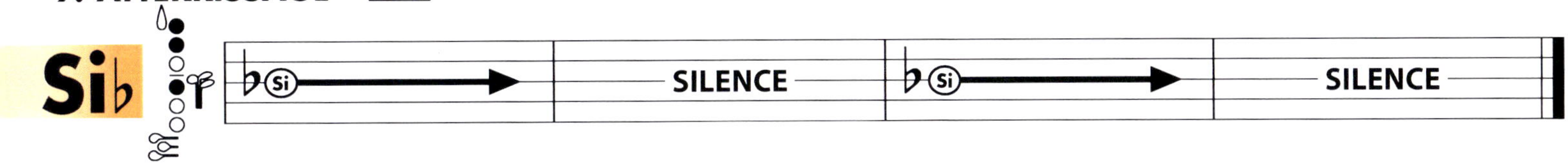

Si♭

♭Si — SILENCE — ♭Si — SILENCE

10. LE CLUB DES CINQ CD 1/10

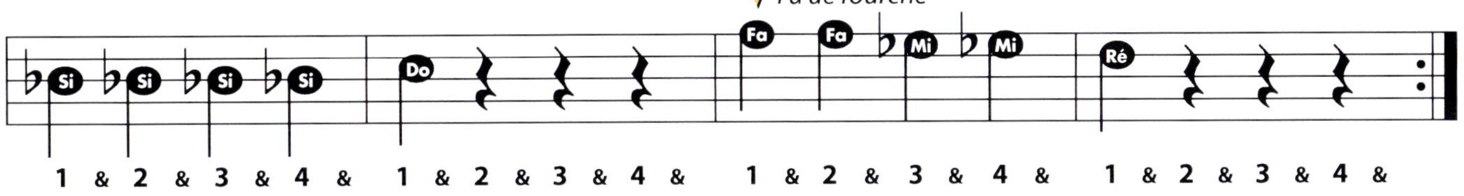

Fa de fourche

♭Si ♭Si ♭Si ♭Si | Do | Fa Fa ♭Mi ♭Mi | Ré

1 & 2 & 3 & 4 & 1 & 2 & 3 & 4 & 1 & 2 & 3 & 4 & 1 & 2 & 3 & 4 &

Clé de Sol

La clé se place au début de la portée. Elle détermine le nom des notes et la hauteur des sons. La clé de Sol se place sur la 2e ligne de la portée (de bas en haut).

Chiffre indicateur de mesure

Le chiffre du haut indique le nombre de temps que contient chaque mesure. Le chiffre du bas indique le type de note qui équivaut à un temps.

= **4 temps** par mesure

= 1 temps vaut **1 noire**

Noms des notes

Les notes sont situées soit sur les lignes, soit dans les interlignes de la portée. Il y a sept noms de notes. Après avoir épuisé cette série, on recommence une seconde série identique à la première, puis une troisième, etc.

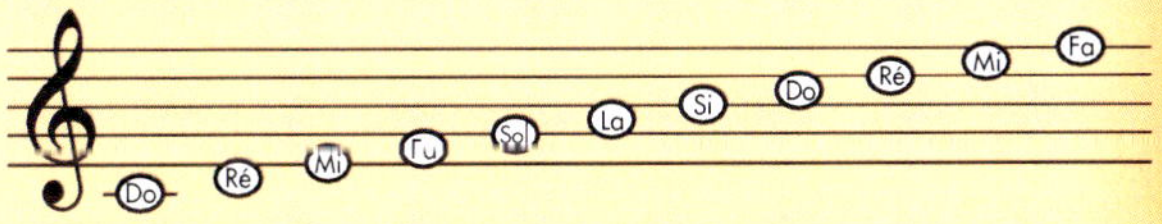

Do Ré Mi Fa Sol La Si Do Ré Mi Fa

THEORIE

Dièse ♯ élève d'un demi-ton le son de la note devant laquelle il est placé et ce dans toute la mesure.

Bémol ♭ abaisse d'un demi-ton le son de la note devant laquelle il est placé et ce dans toute la mesure.

Bécarre ♮ annule l'effet de toute altération (dièse ou bémol) placée dans une mesure.

11. LISONS LES NOTES *Comparez cet exercice à l'exercice n° 10, LE CLUB DES CINQ* CD 1/11

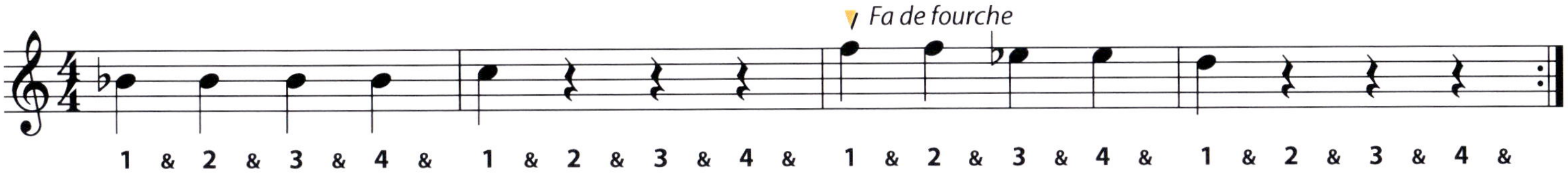

Fa de fourche

1 & 2 & 3 & 4 & 1 & 2 & 3 & 4 & 1 & 2 & 3 & 4 & 1 & 2 & 3 & 4 &

12. PREMIER VOL Ⓕ = Fa de fourche. CD 1/12

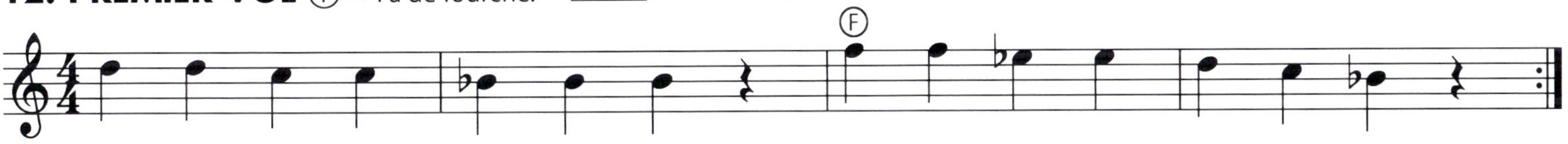

Ⓕ

13. TEST *Écrivez le nom des notes avant de jouer.* CD 1/13

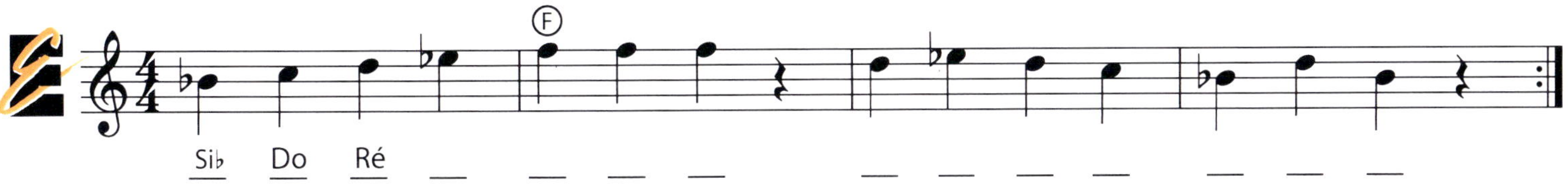

Ⓕ

Si♭ Do Ré ___ ___ ___ ___ ___ ___ ___ ___ ___ ___ ___ ___

page 6 A – Hautbois seulement
Révision des notes
Mémorisez les doigtés des notes que vous avez apprises.
Do
Si♭
La
Sol
Fa
14. EN ROULANT
CD 1 / 14
Passez à la ligne suivante
Double barre
La blanche
= 2 temps
1 & 2 &
La demi-pause
= 2 temps
1 & 2 &
=
15. RAP RYTHMIQUE Marquez le rythme en tapant des mains et du pied tout en comptant.
CD 1 / 15
Tapez
Barre de reprise
1 & 2 & 3 & 4 &
16. DEMI D'OUVERTURE
CD 1 / 16
1 & 2 & 3 & 4 &
17. LES PETITS PAINS Vérifiez l'embouchement et la position des doigts.
CD 1 / 17
Signe de respiration
Indique qu'il faut respirer.
18. GO TELL AUNT RHODIE
CD 1 / 18
Chanson traditionnelle américaine
19. TEST Avant de jouer, écrivez les notes sur la portée en vous aidant des noms et des rythmes ci-dessous.*
CD 1 / 19
Si♭ Do Si♭ La Si♭ La Sol Fa Sol La Si♭ La Si♭

Révision des notes
Mémorisez les doigtés des notes que vous avez apprises.

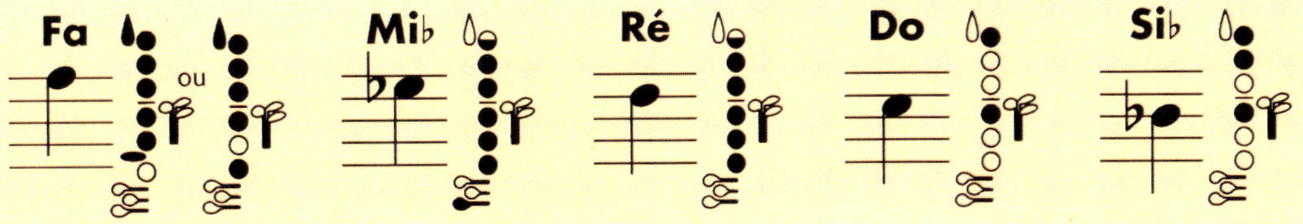

Fa ou Mi♭ Ré Do Si♭

14. EN ROULANT CD 1 / 14

Ⓕ

Passez à la ligne suivante

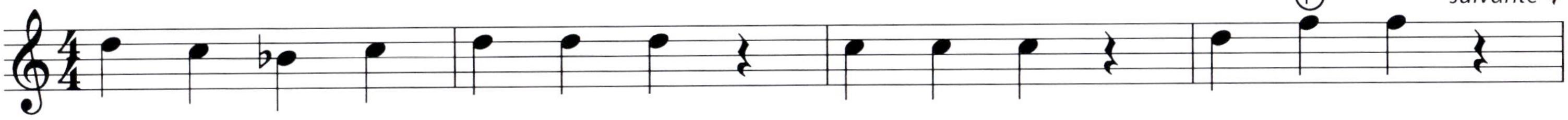

Double barre

La blanche

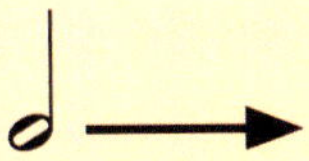

= 2 temps

1 & 2 &

La demi-pause

= 2 temps

1 & 2 &

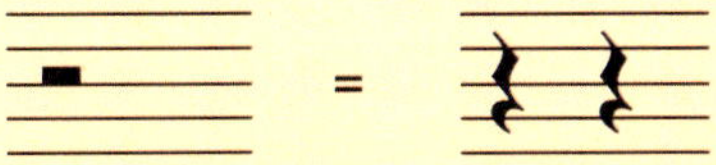

=

15. RAP RYTHMIQUE *Marquez le rythme en tapant des mains et du pied tout en comptant.* CD 1 / 15

Tapez

Barre de reprise

1 & 2 & 3 & 4 & 1 & 2 & 3 & 4 & 1 & 2 & 3 & 4 & 1 & 2 & 3 & 4 & 1 & 2 & 3 & 4 & 1 & 2 & 3 & 4 &

16. DEMI D'OUVERTURE CD 1 / 16

Ⓕ

1 & 2 & 3 & 4 & 1 & 2 & 3 & 4 & 1 & 2 & 3 & 4 & 1 & 2 & 3 & 4 & 1 & 2 & 3 & 4 & 1 & 2 & 3 & 4 &

17. LES PETITS PAINS *Vérifiez l'embouchement et la position des doigts.* CD 1 / 17

Signe de respiration , Indique qu'il faut respirer.

18. GO TELL AUNT RHODIE CD 1 / 18

Chanson traditionnelle américaine

Ⓕ

19. TEST *Avant de jouer, écrivez les notes sur la portée en vous aidant des noms et des rythmes ci-dessous.**

CD 1 / 19

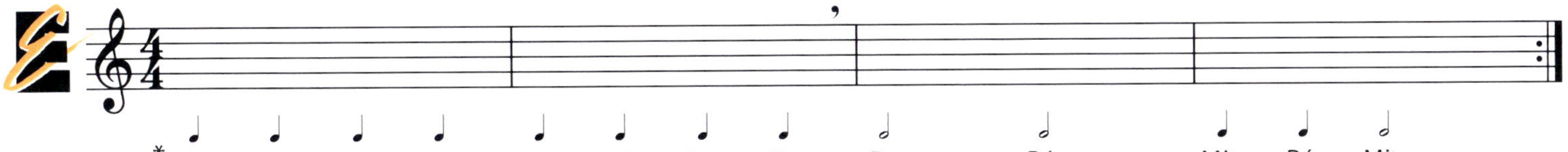

* Mi♭ Fa Mi♭ Ré Mi♭ Ré Do Si♭ Do Ré Mi♭ Ré Mi♭

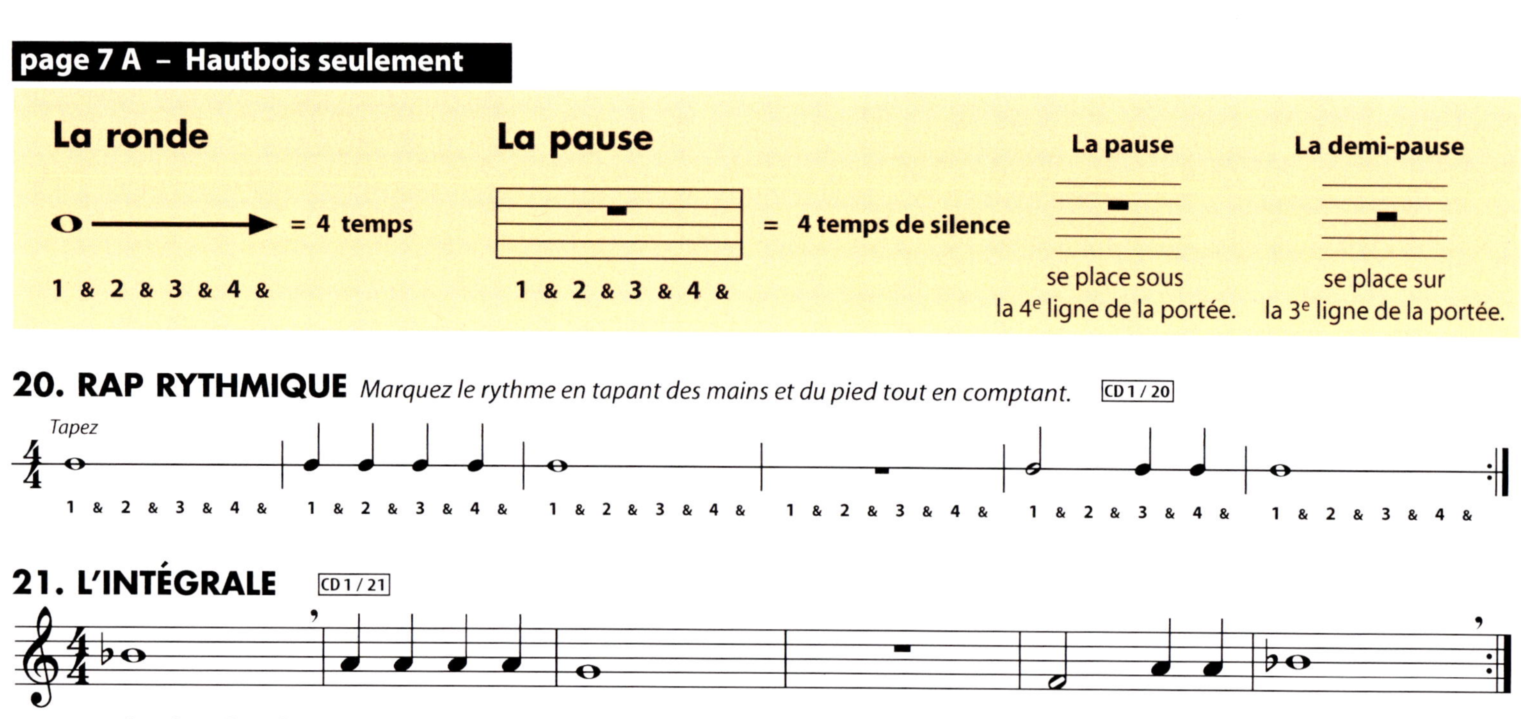

Duo Composition à deux voix. Pour constituer un duo il faut deux instrumentistes.

22. DÉCISION PARTAGÉE – duo

CD 1 / 22

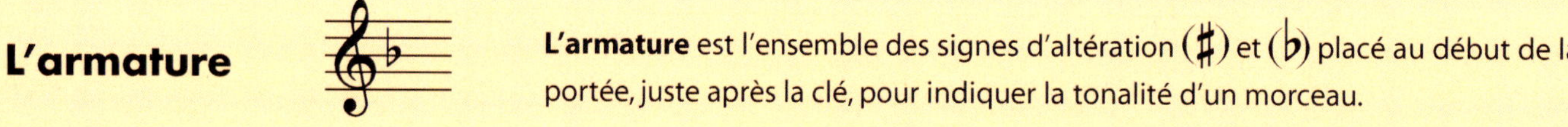

L'armature est l'ensemble des signes d'altération (♯) et (♭) placé au début de la portée, juste après la clé, pour indiquer la tonalité d'un morceau.

THEORIE

23. PAS DE MARCHE

CD 1 / 23

⚠ *Tous les Si sont bémolisés.*

24. ÉCOUTEZ NOS SECTIONS !

CD 1 / 24

Percussion Bois Cuivres Percussion Bois Cuivres Percussion Bois Cuivres Tous

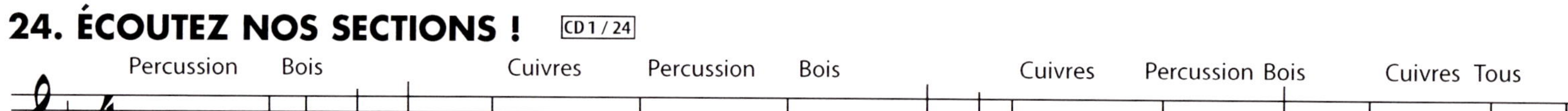

25. PETIT JEAN

CD 1 / 25

26. TEST

Insérez les barres de mesure avant de jouer. CD 1 / 26

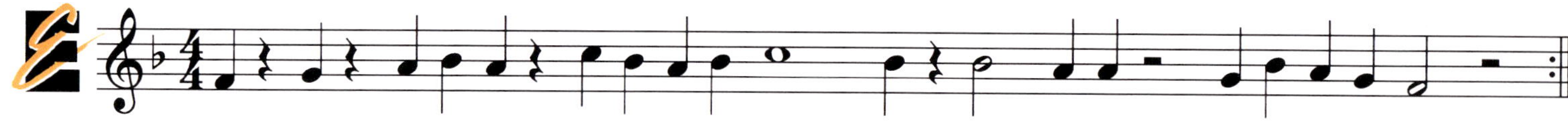

La ronde
= 4 temps
1 & 2 & 3 & 4 &
La pause
= 4 temps de silence
1 & 2 & 3 & 4 &
La pause
se place sous la 4e ligne de la portée.
La demi-pause
se place sur la 3e ligne de la portée.
20. RAP RYTHMIQUE Marquez le rythme en tapant des mains et du pied tout en comptant.
CD 1 / 20
Tapez
21. L'INTÉGRALE
CD 1 / 21
Duo
Composition à deux voix. Pour constituer un duo il faut deux instrumentistes.
22. DÉCISION PARTAGÉE – duo
CD 1 / 22
A
B
L'armature
L'armature est l'ensemble des signes d'altération (♯) et (♭) placé au début de la portée, juste après la clé, pour indiquer la tonalité d'un morceau.
Cette armature indique la tonalité de Si♭ Majeur - les Si et les Mi sont tous bémolisés.
THEORIE
23. PAS DE MARCHE
CD 1 / 23
Tous les Si et les Mi sont bémolisés.
24. ÉCOUTEZ NOS SECTIONS !
CD 1 / 24
Percussion
Bois
Cuivres
Percussion
Bois
Cuivres
Percussion
Bois
Cuivres
Tous
25. PETIT JEAN
CD 1 / 25
26. TEST Insérez les barres de mesure avant de jouer.
CD 1 / 26

Point d'orgue 𝄐 Prolongez la durée de la note (ou du silence) aussi longtemps que le souhaite le professeur.

27. TOUJOURS PLUS HAUT – Nouvelle note *Travaillez toutes les nouvelles notes sur des valeurs longues.* CD 1 / 27

Point d'orgue

28. AU CLAIR DE LA LUNE CD 1 / 28

Chanson traditionnelle française

29. REMIX CD 1 / 29

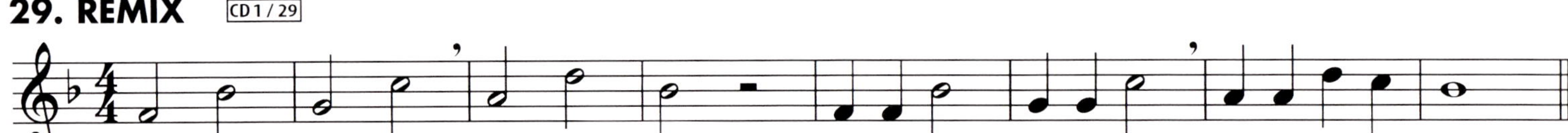

THEORIE

Harmonie L'art de combiner simultanément plusieurs sons différents. Chaque combinaison forme un *accord*.

30. LONDON BRIDGE – duo CD 1 / 30

Chanson traditionnelle anglaise

HISTOIRE

Le compositeur autrichien **Wolfgang Amadeus Mozart** (1756-1791) était un enfant prodige qui fit ses débuts de musicien professionnel à l'âge de six ans. Sa musique est mélodique et pleine d'imagination. Il composa plus de 600 œuvres durant sa courte vie dont la célèbre *Petite Musique de Nuit* et l'opéra *La Flûte Enchantée*. L'une de ses nombreuses pièces pour piano s'inspire de la célèbre chanson *Ah, vous dirais-je Maman*.

31. MÉLODIE DE MOZART CD 1 / 31

Arrangement

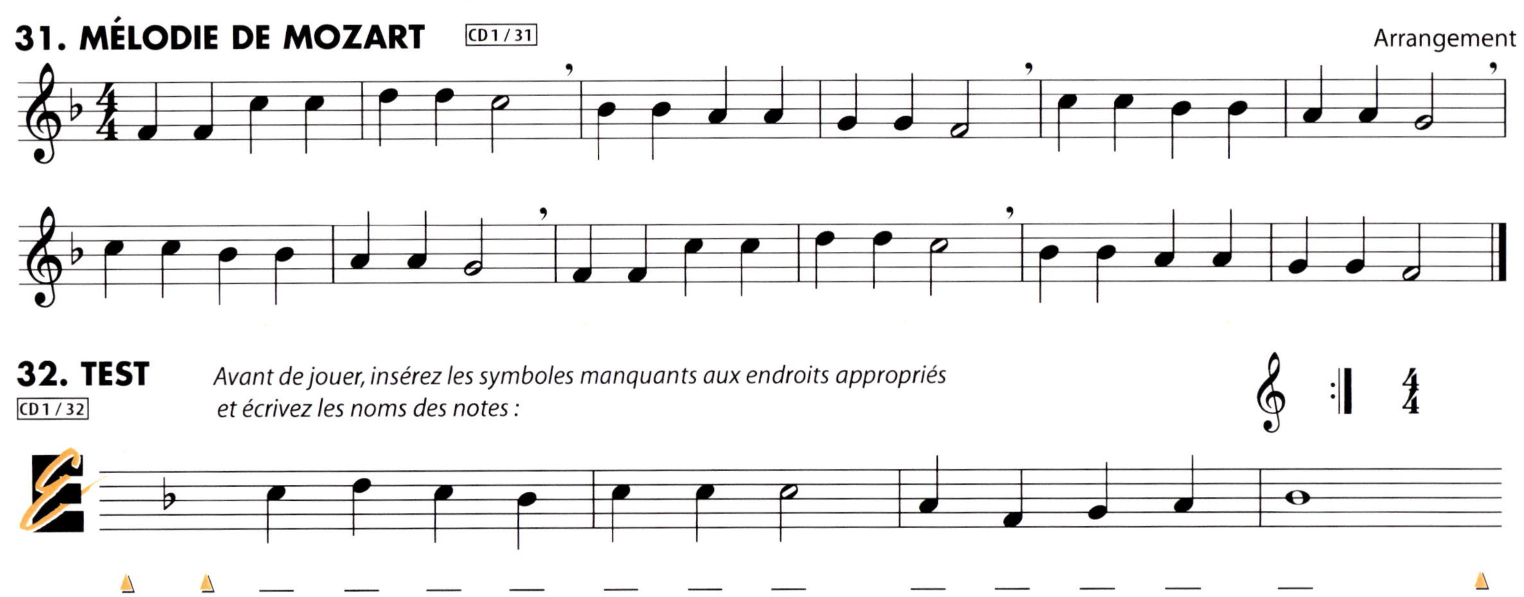

32. TEST

CD 1 / 32

Avant de jouer, insérez les symboles manquants aux endroits appropriés et écrivez les noms des notes :

Point d'orgue  Prolongez la durée de la note (ou du silence) aussi longtemps que le souhaite le professeur.

27. TOUJOURS PLUS HAUT – Nouvelle note

Travaillez toutes les nouvelles notes sur des valeurs longues. CD 1 / 27

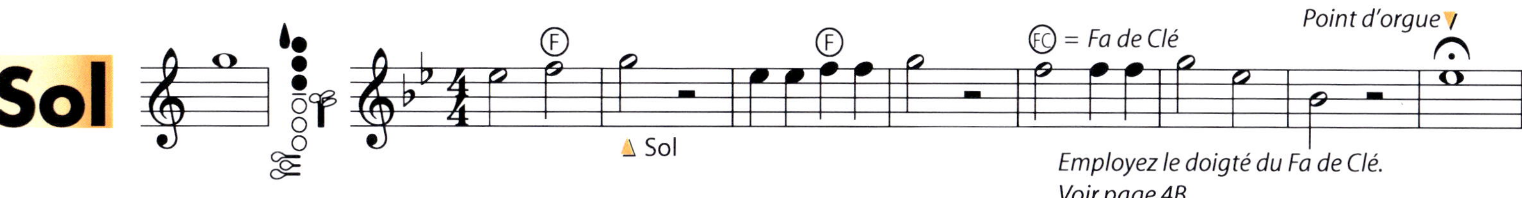

Employez le doigté du Fa de Clé. Voir page 4B.

28. AU CLAIR DE LA LUNE

CD 1 / 28

Chanson traditionnelle française

Employez le doigté de fourche pour tous les Fa de cet exercice.

Le doigté de fourche permet de jouer plus facilement un Fa avant ou après un Mi♭ ou un Ré.

29. REMIX

CD 1 / 29

THEORIE

Harmonie L'art de combiner simultanément plusieurs sons différents. Chaque combinaison forme un *accord.*

30. LONDON BRIDGE – duo

CD 1 / 30

Chanson traditionnelle anglaise

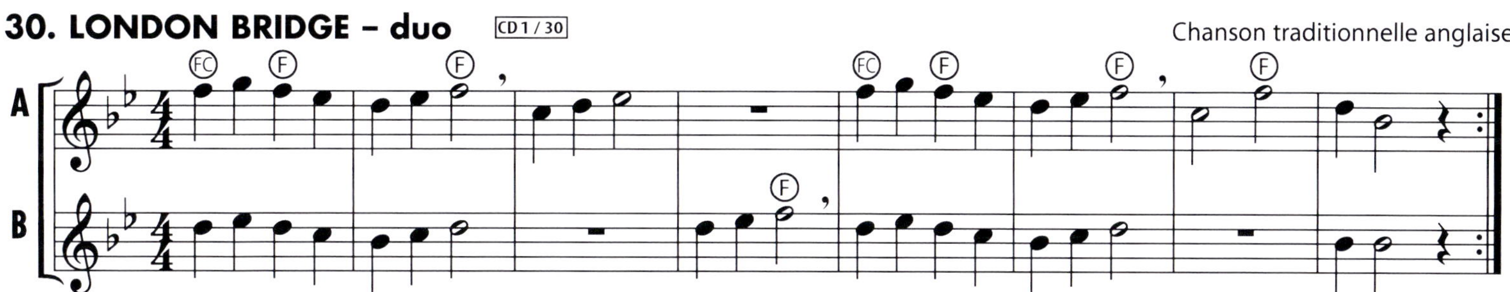

HISTOIRE

Le compositeur autrichien **Wolfgang Amadeus Mozart** (1756-1791) était un enfant prodige qui fit ses débuts de musicien professionnel à l'âge de six ans. Sa musique est mélodique et pleine d'imagination. Il composa plus de 600 œuvres durant sa courte vie dont la célèbre *Petite Musique de Nuit* et l'opéra *La Flûte Enchantée*. L'une de ses nombreuses pièces pour piano s'inspire de la célèbre chanson *Ah, vous dirais-je Maman*.

31. MÉLODIE DE MOZART

CD 1 / 31

Arrangement

32. TEST

CD 1 / 32

Avant de jouer, insérez les symboles manquants aux endroits appropriés et écrivez les noms des notes :

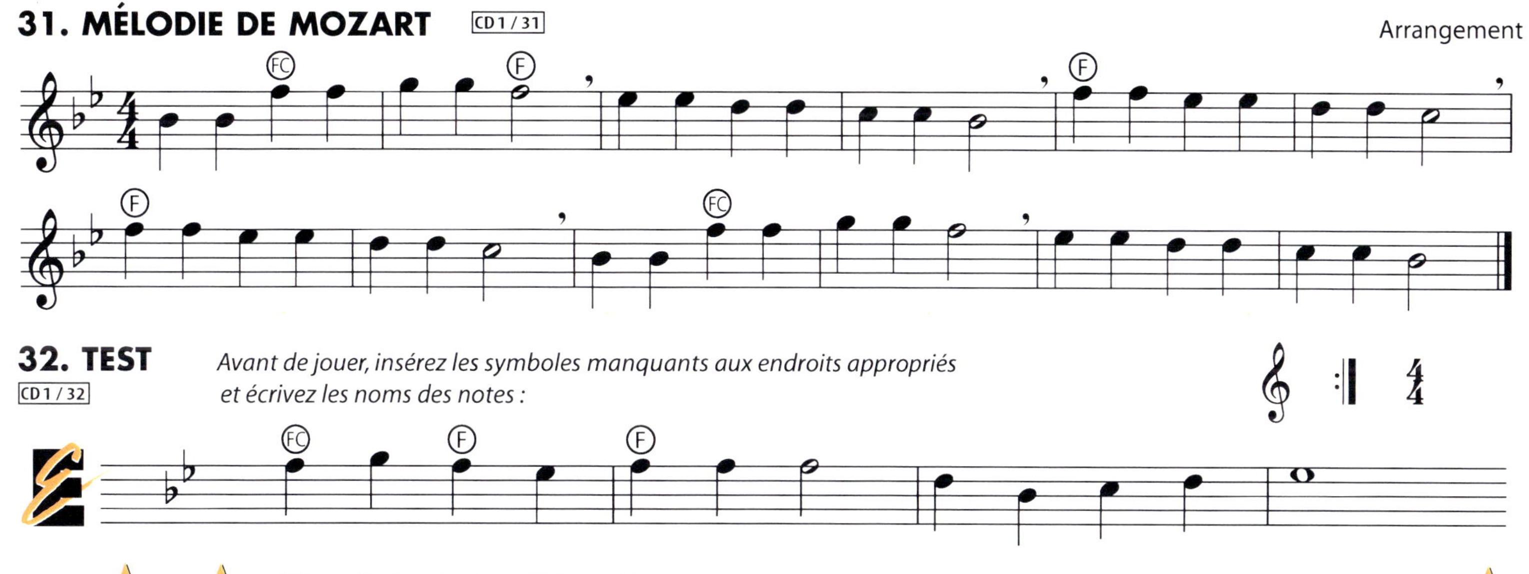

33. DES POCHES PROFONDES – Nouvelle note CD 1 / 33

34. GRIBOUILLAGES CD 1 / 34

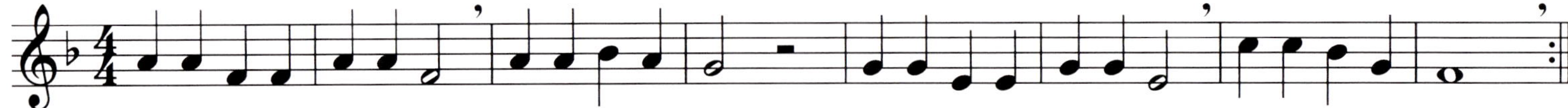

35. LA CORDE À SAUTER CD 1 / 35

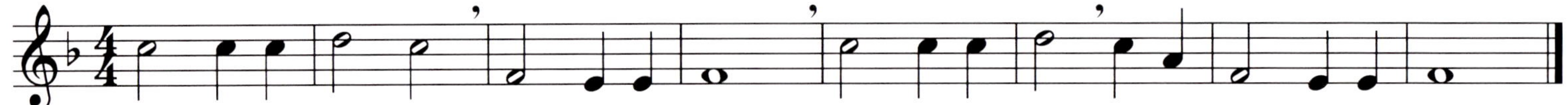

Anacrouse Une ou plusieurs notes qui précèdent la première mesure *entière*. La dernière mesure du morceau ne compte que le nombre de temps complétant la première mesure (mesure de levée).

36. DU TAC AU TAC CD 1 / 36

Nuances *f* – *forte* (jouer fort) *mf* – *mezzo forte* (jouer moyennement fort) *p* – *piano* (jouer doucement)
Souvenez-vous de bien soutenir votre respiration pour pouvoir varier l'intensité sonore.

37. FORT ET DOUX CD 1 / 37

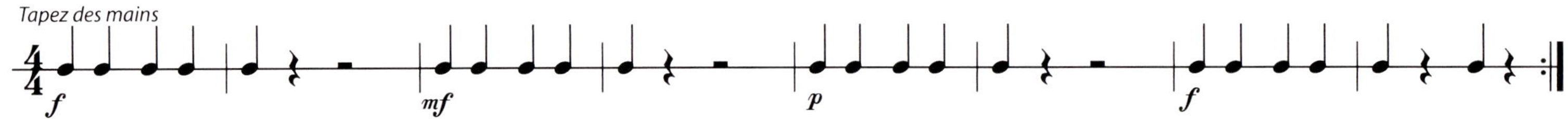

38. VIVE LE VENT *Laissez vos doigts près des clés, recourbés de façon naturelle.* CD 1 / 38

J.S. Pierpont

39. MEIN DREYDL *Soutenez bien la respiration à tous les niveaux d'intensité sonore.* CD 1 / 39

Chant de Noël yiddish

33. DES POCHES PROFONDES – Nouvelle note CD1 / 33

34. GRIBOUILLAGES CD1 / 34

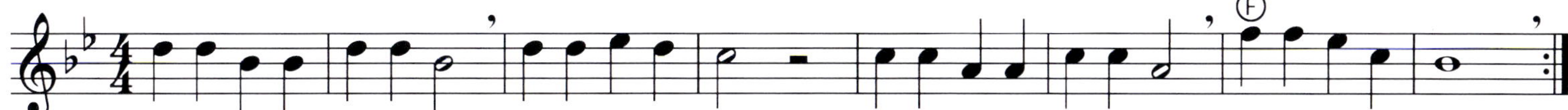

35. LA CORDE À SAUTER CD1 / 35

Anacrouse Une ou plusieurs notes qui précèdent la première mesure *entière*. La dernière mesure du morceau ne compte que le nombre de temps complétant la première mesure (mesure de levée).

36. DU TAC AU TAC CD1 / 36

Nuances ***f*** – *forte* (jouer fort) ***mf*** – *mezzo forte* (jouer moyennement fort) ***p*** – *piano* (jouer doucement)
Souvenez-vous de bien soutenir votre respiration pour pouvoir varier l'intensité sonore.

37. FORT ET DOUX CD1 / 37

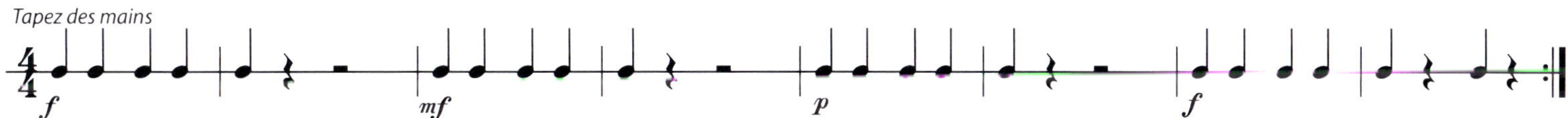

38. VIVE LE VENT *Laissez vos doigts près des clés, recourbés de façon naturelle.* CD1 / 38

J.S. Pierpont

39. MEIN DREYDL *Soutenez bien la respiration à tous les niveaux d'intensité sonore.* CD1 / 39

Chant de Noël yiddish

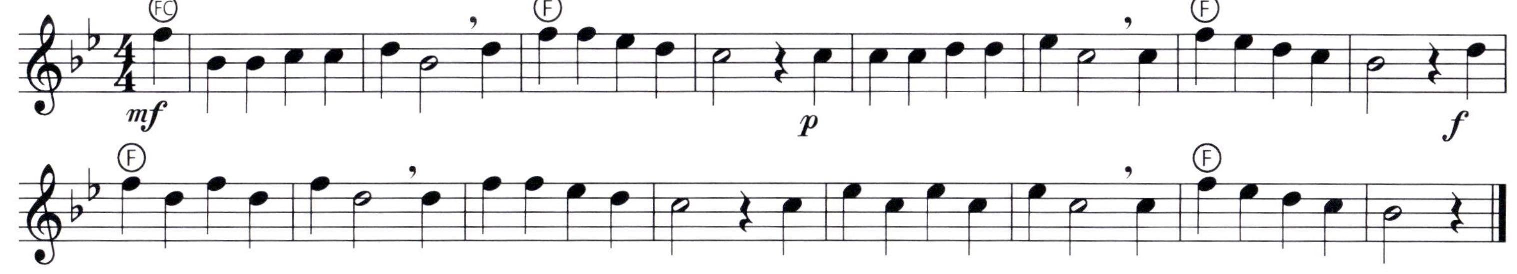

Deux croches

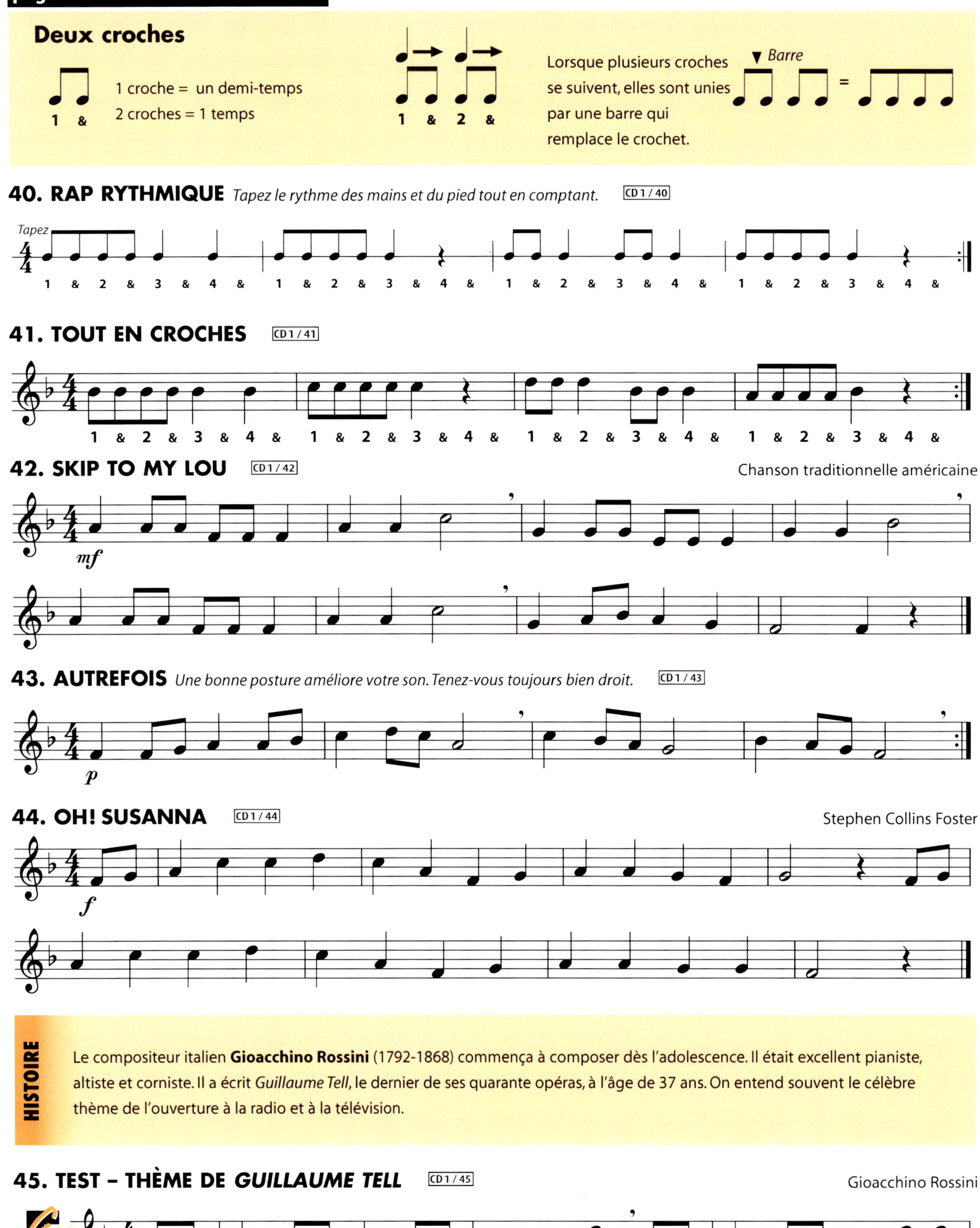

40. RAP RYTHMIQUE *Tapez le rythme des mains et du pied tout en comptant.* CD 1 / 40

41. TOUT EN CROCHES CD 1 / 41

42. SKIP TO MY LOU CD 1 / 42

Chanson traditionnelle américaine

43. AUTREFOIS *Une bonne posture améliore votre son. Tenez-vous toujours bien droit.* CD 1 / 43

44. OH! SUSANNA CD 1 / 44

Stephen Collins Foster

HISTOIRE

Le compositeur italien **Gioacchino Rossini** (1792-1868) commença à composer dès l'adolescence. Il était excellent pianiste, altiste et corniste. Il a écrit *Guillaume Tell*, le dernier de ses quarante opéras, à l'âge de 37 ans. On entend souvent le célèbre thème de l'ouverture à la radio et à la télévision.

45. TEST – THÈME DE *GUILLAUME TELL* CD 1 / 45

Gioacchino Rossini

Deux croches

1 & — 1 croche = un demi-temps
2 croches = 1 temps

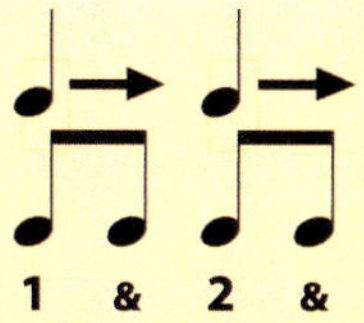

1 & 2 &

Lorsque plusieurs croches se suivent, elles sont unies par une barre qui remplace le crochet.

Barre

40. RAP RYTHMIQUE *Tapez le rythme des mains et du pied tout en comptant.* CD 1 / 40

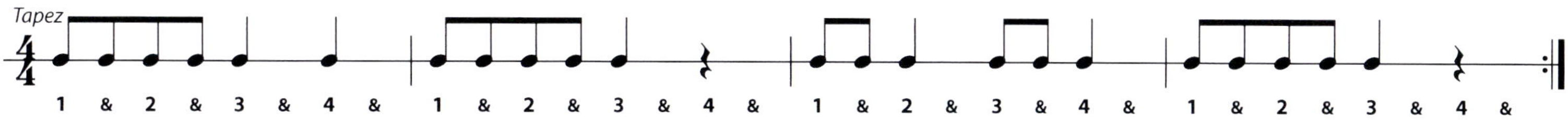

Tapez

1 & 2 & 3 & 4 & 1 & 2 & 3 & 4 & 1 & 2 & 3 & 4 & 1 & 2 & 3 & 4 &

41. TOUT EN CROCHES CD 1 / 41

1 & 2 & 3 & 4 & 1 & 2 & 3 & 4 & 1 & 2 & 3 & 4 & 1 & 2 & 3 & 4 &

42. SKIP TO MY LOU CD 1 / 42

Chanson traditionnelle américaine

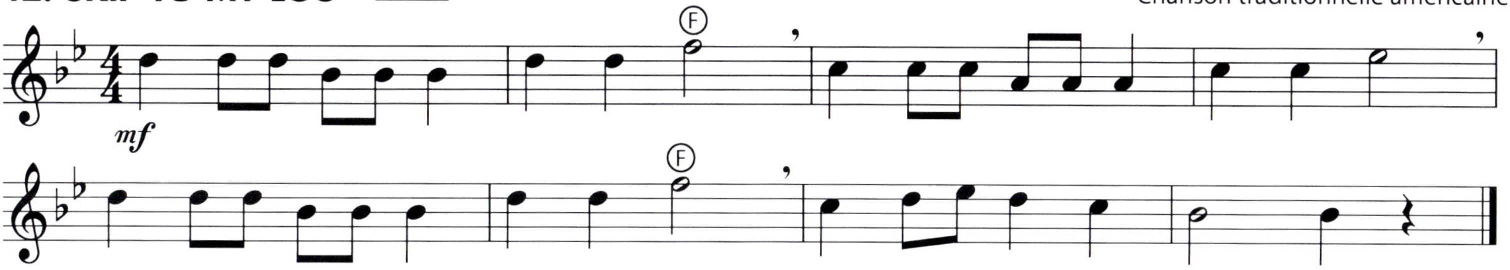

mf

43. AUTREFOIS *Une bonne posture améliore votre son. Tenez-vous toujours bien droit.* CD 1 / 43

p

44. OH! SUSANNA CD 1 / 44

Stephen Collins Foster

f

HISTOIRE

Le compositeur italien **Gioacchino Rossini** (1792-1868) commença à composer dès l'adolescence. Il était excellent pianiste, altiste et corniste. Il a écrit *Guillaume Tell*, le dernier de ses quarante opéras, à l'âge de 37 ans. On entend souvent le célèbre thème de l'ouverture à la radio et à la télévision.

45. TEST – THÈME DE *GUILLAUME TELL* CD 1 / 45

Gioacchino Rossini

Mesure à $\frac{2}{4}$

= **2 temps** par mesure

= 1 temps vaut **1 noire**

Battre la mesure

Exercez-vous à battre la mesure à deux temps.

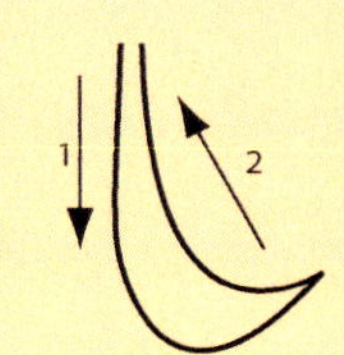

THEORIE

46. RAP RYTHMIQUE

CD1 / 46

47. DEUX PAR DEUX

CD1 / 47

Indications de tempo

Le *tempo* indique le mouvement, plus ou moins rapide, à respecter pendant l'interprétation d'un morceau de musique. Les indications de tempo sont généralement en italien et sont placées au-dessus de la portée.

Allegro – Vif, allègre **Moderato** – Modéré **Andante** – Modéré (allant)

48. HIGH SCHOOL CADETS – Marche

CD1 / 48

John Philip Sousa

49. PERSONNE À LA MAISON – Nouvelle note

CD1 / 49

Ré

Nuances

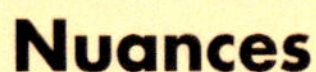

Crescendo
(en augmentant progressivement le son)

Decrescendo ou ***Diminuendo***
(en décroissant, en diminuant progressivement le son)

50. TAPEZ LES NUANCES

CD1 / 50

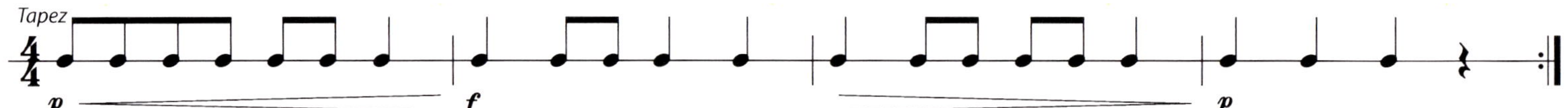

51. JOUEZ LES NUANCES

CD1 / 51

THEORIE

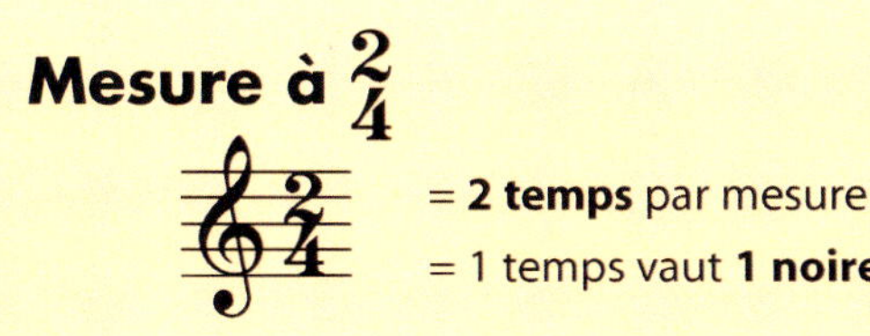

Battre la mesure

Exercez-vous à battre la mesure à deux temps.

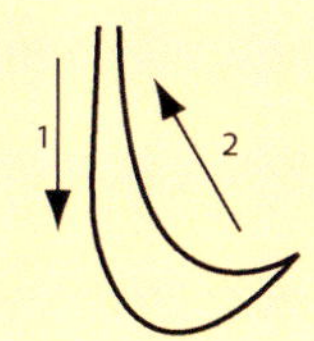

46. RAP RYTHMIQUE

CD 1 / 46

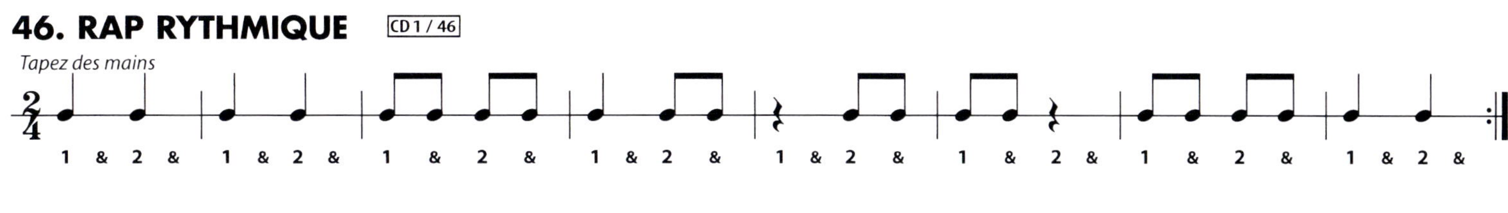

47. DEUX PAR DEUX

CD 1 / 47

Indications de tempo Le *tempo* indique le mouvement, plus ou moins rapide, à respecter pendant l'interprétation d'un morceau de musique. Les indications de tempo sont généralement en italien et sont placées au-dessus de la portée.

Allegro – Vif, allègre **Moderato** – Modéré **Andante** – Modéré (allant)

48. HIGH SCHOOL CADETS – Marche

CD 1 / 48

John Philip Sousa

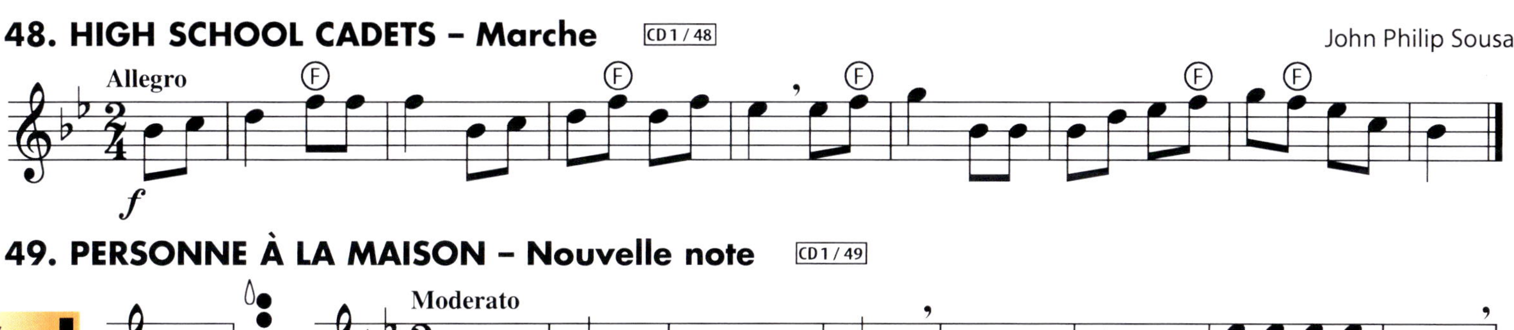

49. PERSONNE À LA MAISON – Nouvelle note

CD 1 / 49

Sol

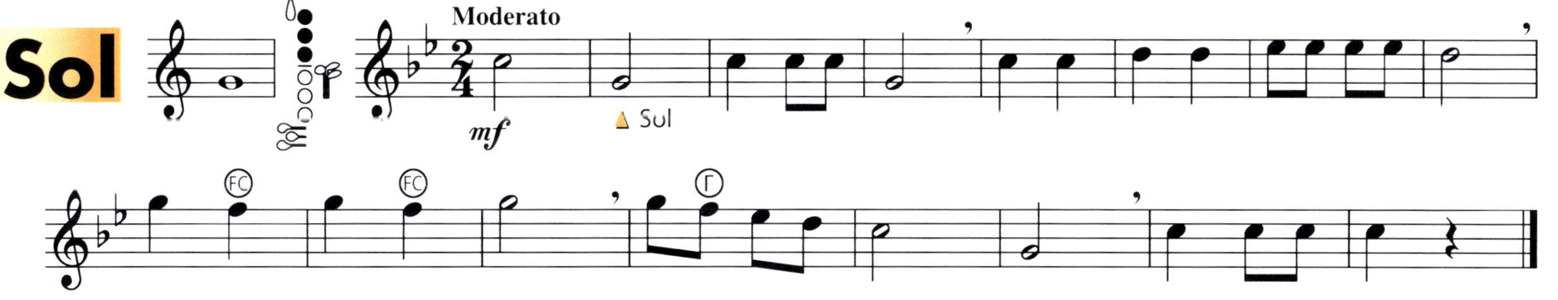

Nuances

Crescendo
(en augmentant progressivement le son)

Decrescendo ou *Diminuendo*
(en décroissant, en diminuant progressivement le son)

50. TAPEZ LES NUANCES

CD 1 / 50

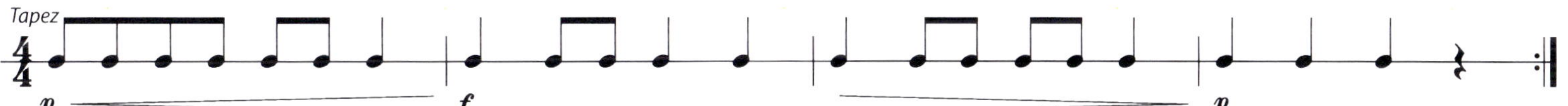

51. JOUEZ LES NUANCES

CD 1 / 51

NOTES COMPLÉMENTAIRES

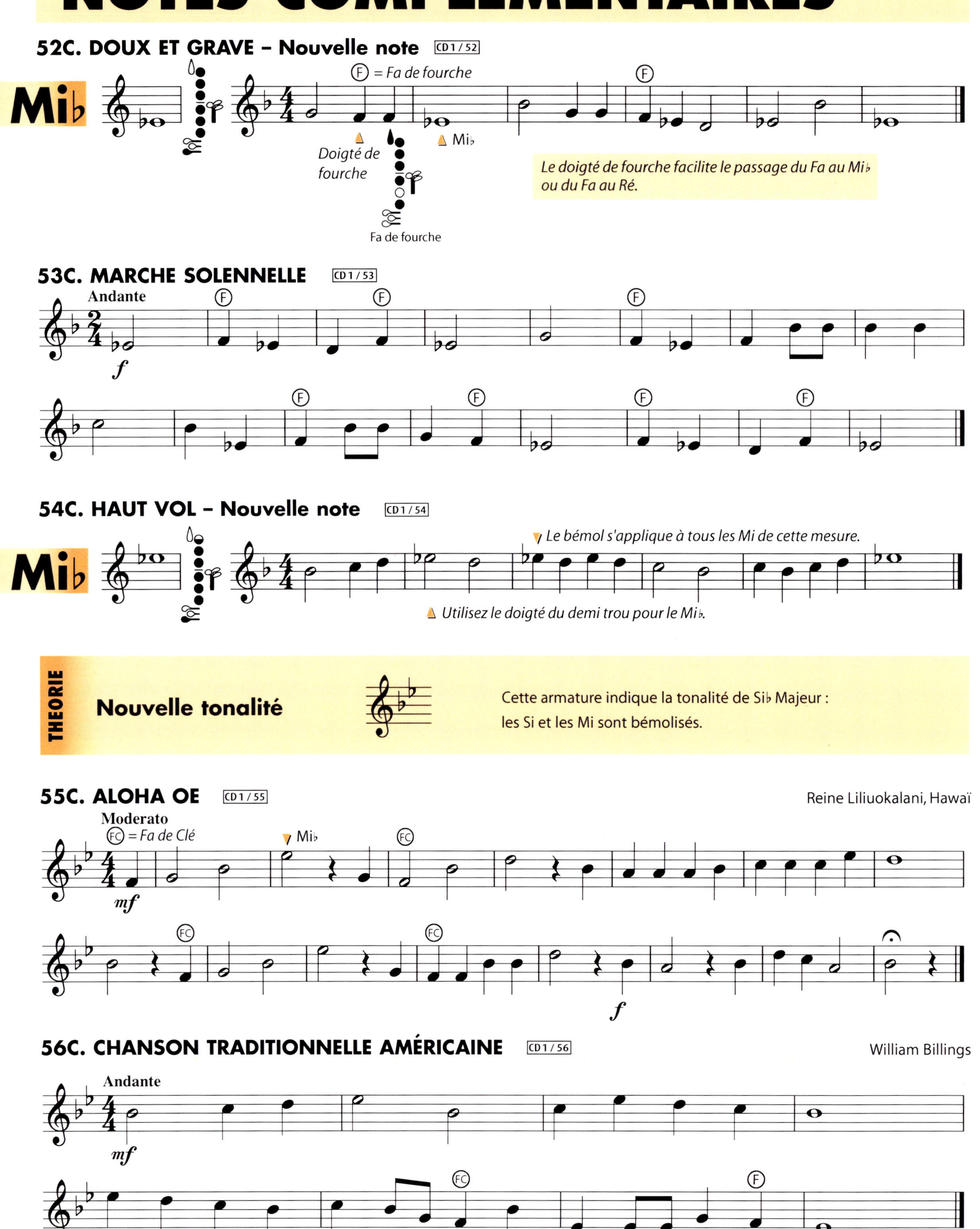

NOTES COMPLÉMENTAIRES

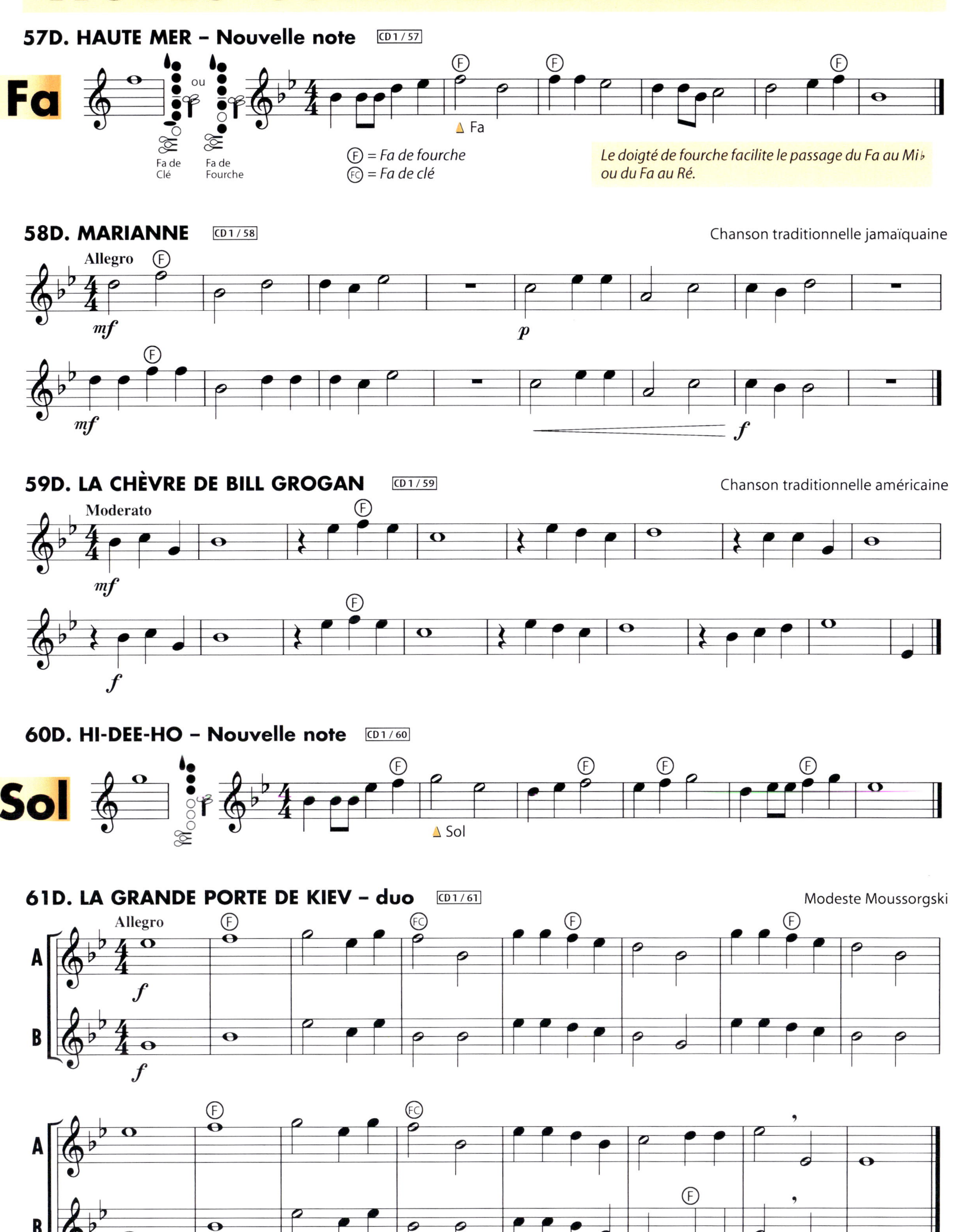

PIÈCES DE CONCERT

52. PIÈCES PRÉPARATOIRES CD1 / 52

TRAVAIL DU SON

F

ÉTUDE DE RYTHME

F F

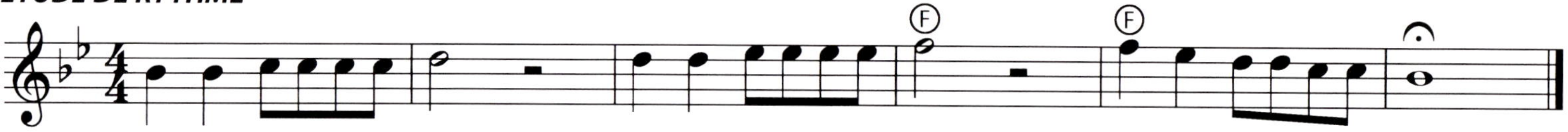

RAP RYTHMIQUE

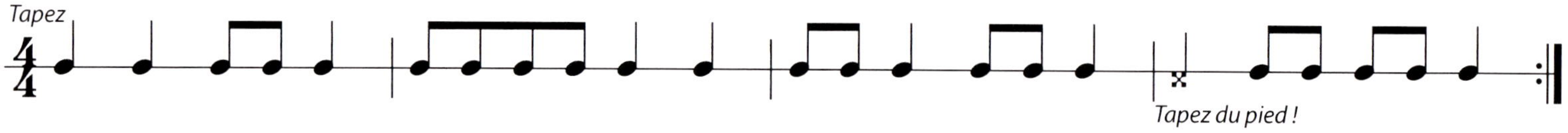

Tapez

Tapez du pied !

CHORAL

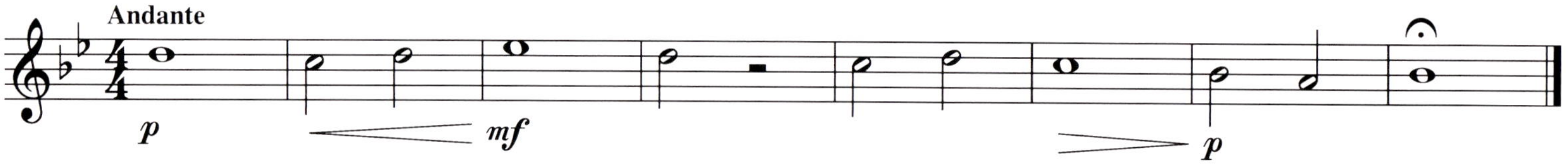

Andante

p mf p

53. AURA LEE – Duo ou arrangement pour orchestre CD1 / 53

George R. Poulton

(Partie A =Ligne mélodique, Partie B = Accompagnement)

Andante

A B

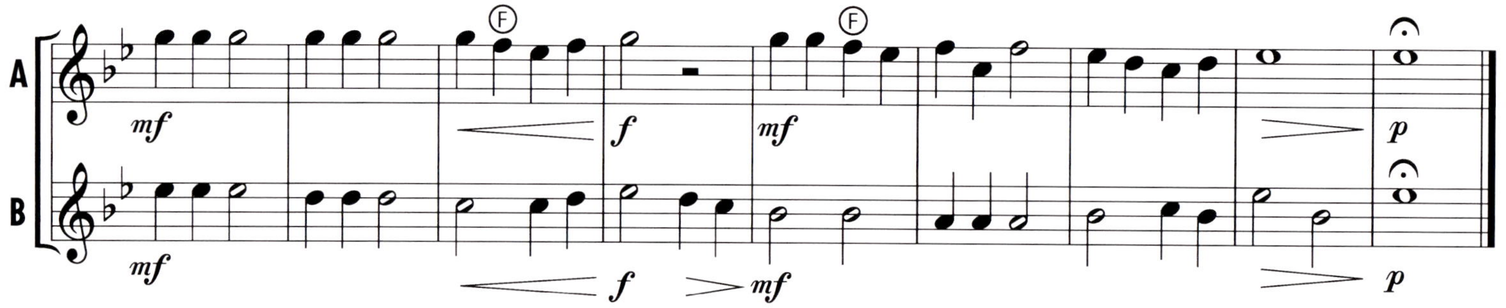

mf p F

mf f mf p

54. FRÈRE JACQUES – Canon CD1 / 54

Chanson traditionnelle française

(Lorsque le groupe A atteint 2, le groupe B commence à 1)

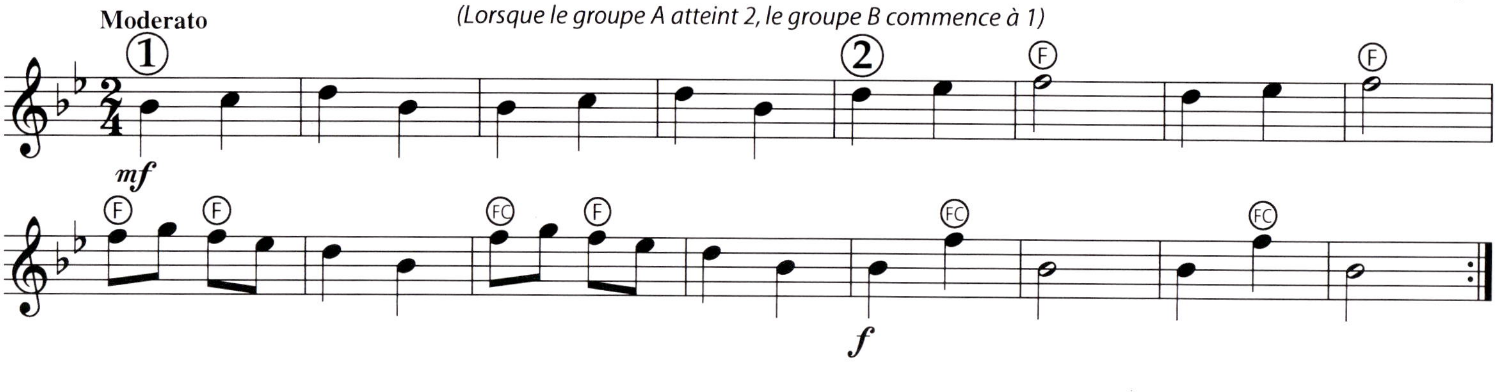

Moderato

1 2 F

mf f

FC

PIÈCES DE CONCERT

Liaison de prolongation

La liaison de prolongation est une ligne courbe qui lie deux notes de même son. Elle indique qu'il faut ajouter la valeur de la seconde note à la valeur de la première.

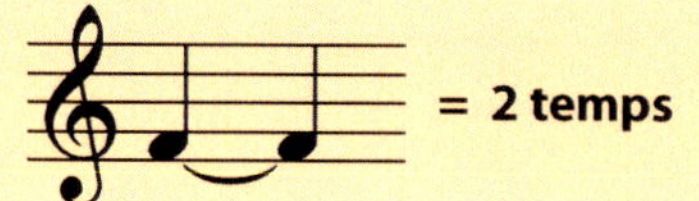

59. LIAISON ÉTABLIE CD 2 / 1

60. ALOUETTE CD 2 / 2

Chanson traditionnelle française

Blanche pointée

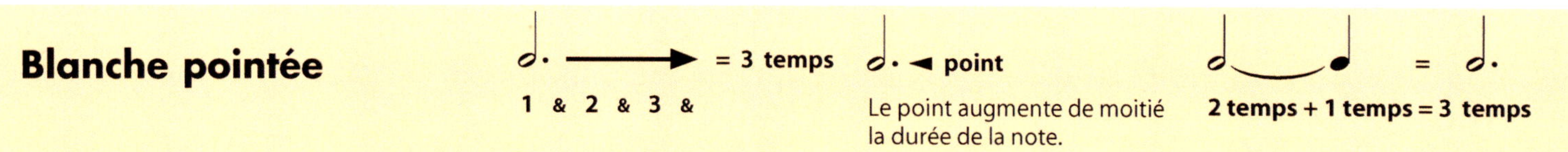

Le point augmente de moitié la durée de la note.

61. ALOUETTE – Suite CD 2 / 3

Chanson traditionnelle française

HISTOIRE

Le compositeur américain **Stephen Collins Foster** (1826-1864) est né près de Pittsburgh, en Pennsylvanie. Des chansons comme *Oh! Susanna*, devenue célèbre à l'époque de la ruée vers l'or (1849), en ont fait l'auteur-compositeur le plus connu de son époque. Parmi ses autres compositions célèbres, on citera *My Old Kentucky Home* et *Camptown Races*.

62. CAMPTOWN RACES CD 2 / 4

Stephen Colllins Foster

63. NOUVELLE ORIENTATION – Nouvelle note CD 2 / 5

Fa

Ⓕ = *Fa de fourche*
Ⓕⓒ = *Fa de clé*

Le doigté de fourche facilite le passage du Fa au Mi♭ ou du Fa au Ré.

64. LES NOBLES

Le débit d'air ne doit pas faiblir. Les doigts restent sur les clés, recourbés de façon naturelle. CD 2 / 6

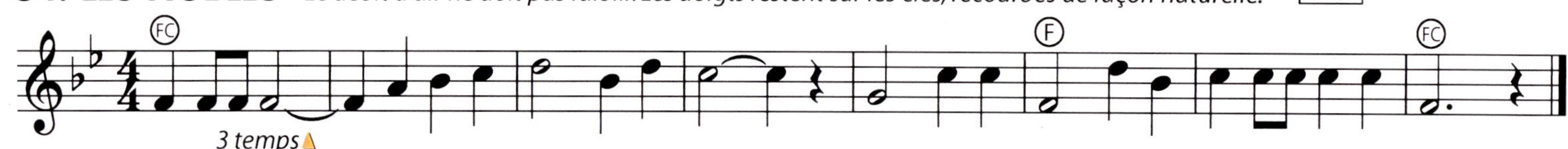

65. TEST CD 2 / 7

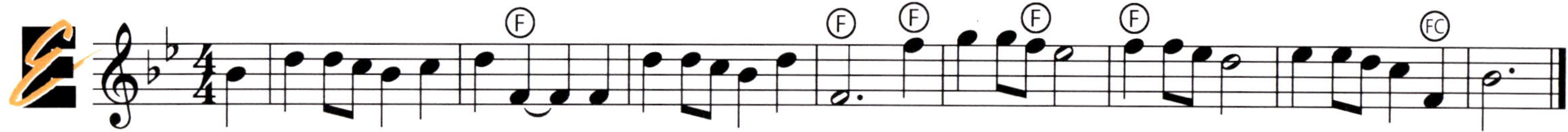

THEORIE

Mesure à 3/4

= **3 temps** par mesure
= 1 temps vaut **1 noire**

Battre la mesure

Exercez-vous à battre la mesure à trois temps.

1 2 3

66. RAP RYTHMIQUE

CD2/8

Tapez

1 & 2 & 3 & 1 & 2 & 3 & 1 & 2 & 3 & 1 & 2 & 3 & 1 & 2 & 3 & 1 & 2 & 3 & 1 & 2 & 3 & 1 & 2 & 3 &

67. JAM SESSION À TROIS TEMPS

CD2/9

F F FC

1 & 2 & 3 & 1 & 2 & 3 & 1 & 2 & 3 & 1 & 2 & 3 & 1 & 2 & 3 & 1 & 2 & 3 & 1 & 2 & 3 & 1 & 2 & 3 &

68. BARCAROLLE

CD2/10

Jacques Offenbach

Moderato

mf

HISTOIRE

En 1875, le compositeur norvégien **Edvard Grieg** (1843-1907) compose la musique de scène pour *Peer Gynt*, un drame fantastique d'Henrik Ibsen. *Au Matin* constitue un des quatre tableaux de la suite orchestrale *Peer Gynt*. La musique de scène est une musique d'accompagnement, comme la musique pour le cinéma ou la télévision.

69. AU MATIN (extrait de *Peer Gynt*)

Employez le doigté de fourche pour tous les Fa de cet exercice

Edvard Grieg

CD2/11

Andante

p *mf* *p*

Accent

Accentuez la note.

70. ACCENTUEZ VOTRE TALENT

CD2/12

Tapez

HISTOIRE

Les racines de la **musique latino-américaine** se trouvent dans les cultures africaine, amérindienne, espagnole et portugaise. Très variée, cette musique se caractérise par un accompagnement dynamique de tambours et autres accessoires de percussion (maracas, claves, etc.). La musique latino-américaine influence encore le jazz, la musique classique et la musique pop. *Las Chiapanecas* est un air traditionnel accompagnant les danses et les jeux des enfants.

71. LAS CHIAPANECAS

Choisissez le doigté qui convient le mieux aux Fa de cet exercice.

Air traditionnel d'Amérique latine

CD2/13

f

72. EXERCICE DE CRÉATIVITÉ

Composez votre propre musique pour les mesures 3 et 4 sur le rythme indiqué :

CD2/14

THEORIE

Altération accidentelle

Un dièse, un bémol ou un bécarre placé devant une note et ne figurant pas dans l'armature est qualifié d'**altération accidentelle**.

Bémol ♭

Le **bémol** abaisse d'un demi-ton le son de la note devant laquelle il est placé et ce dans toute la mesure. Ainsi, le La♭, par exemple, sonne un demi-ton plus bas que le La naturel.

73. CROISSANTS CHAUDS - Nouvelle note CD 2 / 15

74. DANSE COSAQUE CD 2 / 16

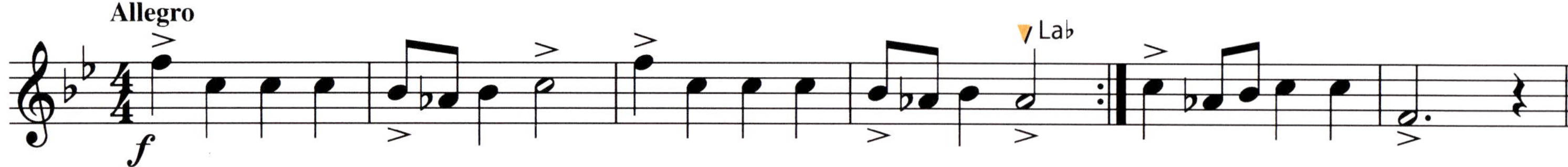

75. BLUES DE BASE – Nouvelle note CD 2 / 17

Le bémol s'applique à tous les La de la mesure.

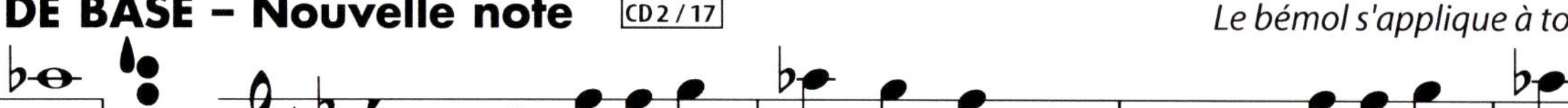

THEORIE

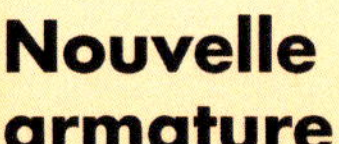

Nouvelle armature

Cette armature indique la *tonalité de Mi♭ Majeur* – tous les Si, les Mi et les La sont bémolisés.

Mesures de 1re et 2e fois

Jouez le morceau jusqu'à la mesure de 1re fois, reprenez au début et passez directement à la mesure de 2e fois.

76. HAUT VOL CD 2 / 18

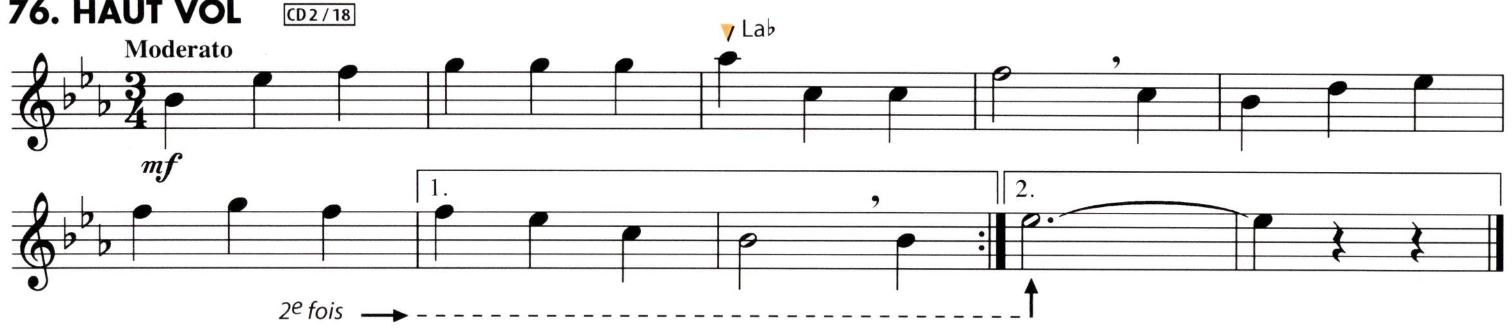

HISTOIRE

Les origines de la **musique traditionnelle japonaise** se trouvent dans la Chine antique. Les mélodies traditionnelles comme *Sakura, Sakura* étaient jouées sur des instruments tels que le **Koto**, une sorte de cithare à 13 cordes qui remonte à plus de 4000 ans, et le **Shakuhachi**, une flûte en bambou. Le son unique de cette vieille mélodie japonaise provient de l'emploi de la gamme pentatonique, qui est formée de cinq sons seulement.

77. SAKURA, SAKURA – Arrangement pour orchestre CD 2 / 19

Chanson traditionnelle japonaise
Arr. John Higgins

78. PERCHÉS SUR UN TOIT
CD 2 / 20
Allegro
Vérifiez l'armature
mf
1.
2.
f
79. BON VIEUX SAINT NICOLAS – Duo
CD 2 / 21
Chanson traditionnelle américaine
Moderato
A
B
mf
mf
Voir page 9B pour d'autres airs de Noël, Mein Dreydl et Vive le vent.
80. LE GRAND SOUFFLE – Nouvelle note
CD 2 / 22
Si♭
Si♭
81. VALSE EXTRAITE DE LA VEUVE JOYEUSE
CD 2 / 23
Franz Lehár
Moderato
mf
f
mf
f
82. À L'ANTENNE – Nouvelle note
CD 2 / 24
Mi♭
Mi♭
83. RETOUR DE L'ALOUETTE
CD 2 / 25
Allegro
mf
84. TEST
CD 2 / 26
Moderato
mf
f
p
85. EXERCICE DE CRÉATIVITÉ Improvisez vos propres rythmes en utilisant ces notes :
CD 2 / 27

EXERCICES PRÉPARATOIRES QUOTIDIENS

POUR DÉVELOPPER LA SONORITÉ ET LA TECHNIQUE

86. TRAVAIL DU SON *Le débit d'air doit être régulier.* CD 2 / 28

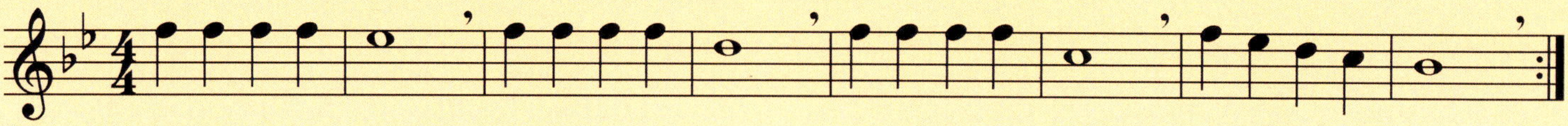

87. TRAVAIL DU RYTHME CD 2 / 29

88. TRAVAIL DE LA TECHNIQUE CD 2 / 30

89. CHORAL : JÉSUS QUE MA JOIE DEMEURE *(extrait de la Cantate BWV 147)* CD 2 / 31 Jean-Sébastien Bach

p

THEORIE

Thème et variations

Forme musicale comprenant une mélodie principale, le **thème**.
Les **variations** consistent à modifier le thème.

90. VARIATIONS SUR UN THÈME CONNU CD 2 / 32

D.C. al Fine

Répétition d'un morceau à partir du début jusqu'à un endroit de la partition signalé par le mot **Fine** (ou Fin), qui termine également le morceau.
Da Capo signifie « à partir du début », **al Fine** signifie « jusqu'à la fin ».

91. BANANA BOAT SONG CD 2 / 33

Chanson traditionnelle des Caraïbes

Bécarre ♮ Annule l'effet de toute altération (dièse ou bémol) placée dans une mesure.

92. AU BORD DE L'ABÎME – Nouvelle note CD 2 / 34

Mi

93. LA BOÎTE À MUSIQUE CD 2 / 35

HISTOIRE

Les **spirituals**, une forme de chant religieux afro-américain, sont nés vers la fin du XVIIIe siècle, pendant la période d'esclavage aux États-Unis. Ils réunissent des éléments des chants religieux européens et des formules rythmiques dérivées de la tradition africaine. La première collection de spirituals fut publiée en 1867, quatre ans après l'introduction de la loi contre l'esclavage.

94. EZEKIEL SAW THE WHEEL CD 2 / 36

Spiritual afro-américain

Liaison d'expression

La **liaison d'expression** est une ligne courbe qui se place sur deux ou plusieurs notes différentes. Elle indique qu'il faut les lier entre elles et en soutenir le son.

95. LA MAIN DANS LA MAIN CD 2 / 37

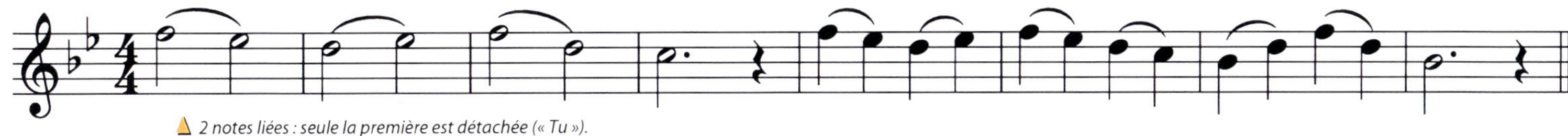

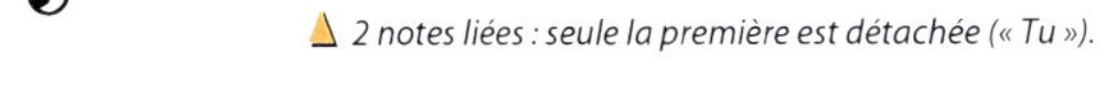
2 notes liées : seule la première est détachée (« Tu »).

96. GLISSADES CD 2 / 38

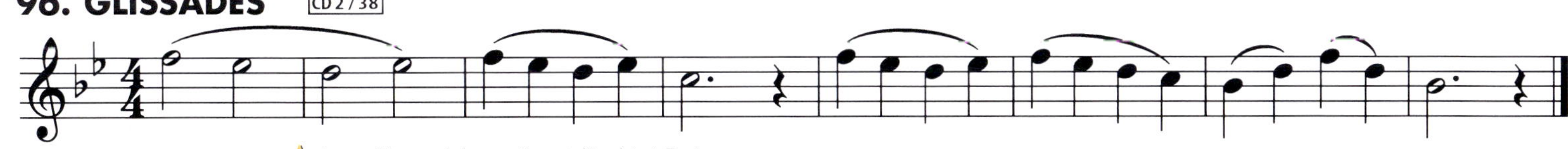

4 notes liées : seule la première est détachée (« Tu »).

HISTOIRE

Le **ragtime** est un style musical américain très populaire entre les années 1890 et la Première Guerre mondiale. Cette première forme de jazz a rendu célèbres des pianistes tels que Jelly Roll Morton et Scott Joplin, auteur de *The Entertainer* et *Maple Leaf Rag*. Des compositeurs de musique savante, comme Igor Stravinski et Claude Debussy, se sont inspirés du ragtime.

97. RAG DES TROMBONES CD 2 / 39

98. TEST CD 2 / 40

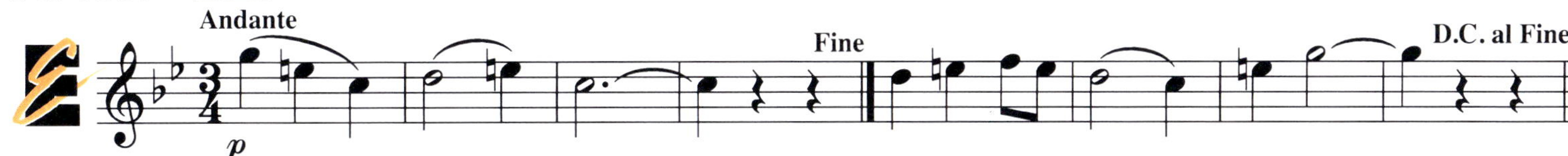

99. LE GRAND JEU – Nouvelle note CD 2 / 41

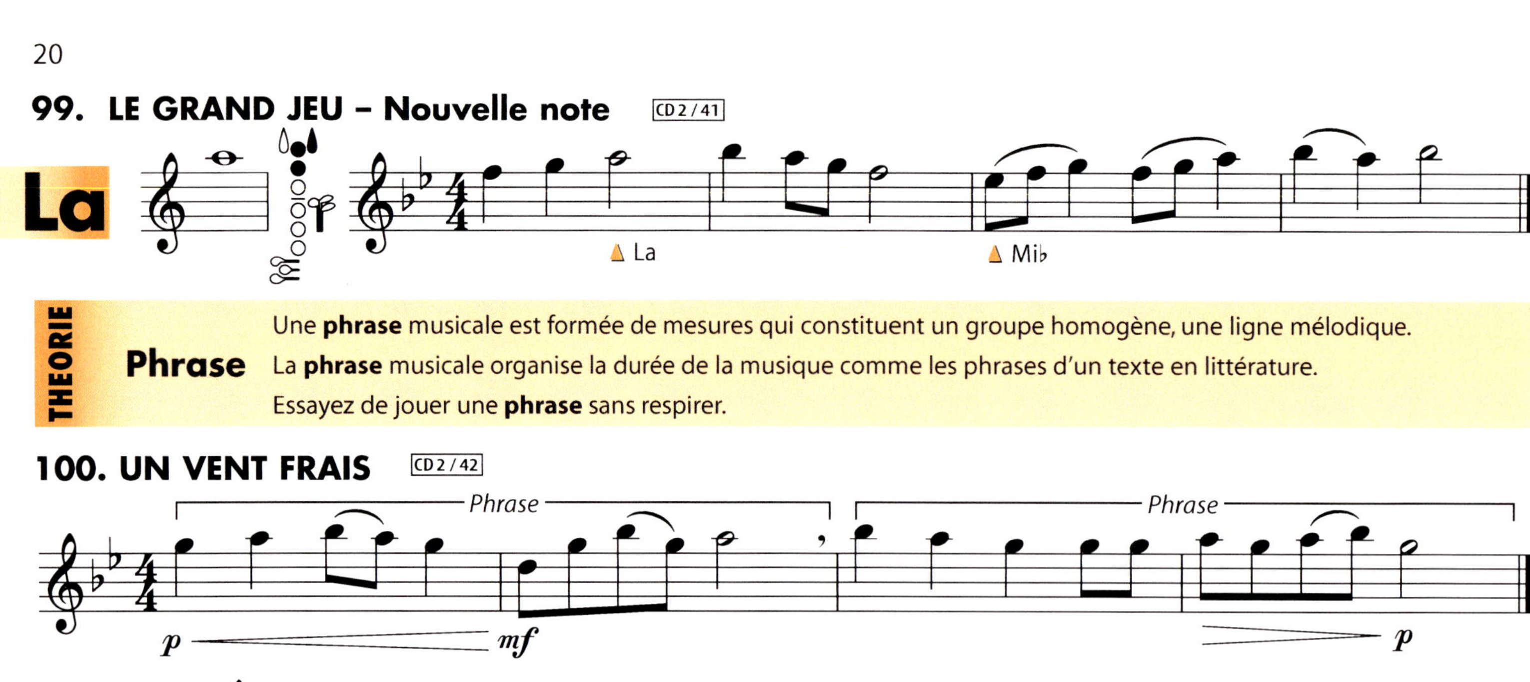

THEORIE

Phrase

Une **phrase** musicale est formée de mesures qui constituent un groupe homogène, une ligne mélodique.
La **phrase** musicale organise la durée de la musique comme les phrases d'un texte en littérature.
Essayez de jouer une **phrase** sans respirer.

100. UN VENT FRAIS CD 2 / 42

101. PHRASÉOLOGIE *Séparez les phrases par un signe de respiration.* CD 2 / 43

THEORIE

Nouvelle armature

Cette armature indique la *tonalité de Fa Majeur* – les Si sont tous *bémolisés.*

Plusieurs mesures de silence

Le chiffre au-dessus de la portée indique le nombre de mesures. entières de silence. Comptez les mesures pour reprendre au bon moment.

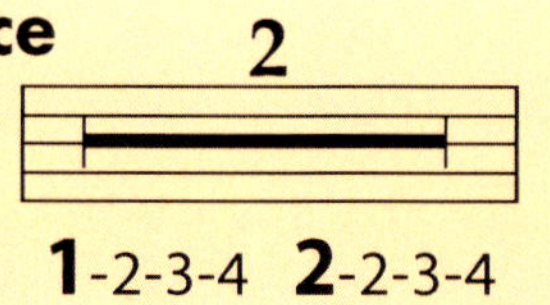

102. SATIN LATIN CD 2 / 44

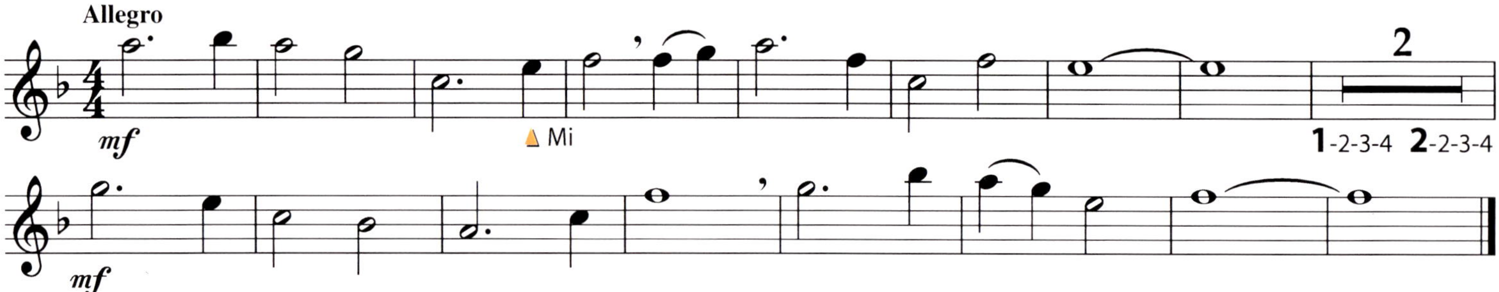

HISTOIRE

Le compositeur allemand **Jean-Sébastien Bach** (1685-1750), qui appartenait à une grande famille de musiciens réputés, devint le compositeur le plus admiré de l'époque baroque. D'abord membre d'un chœur, Bach devint bientôt organiste, professeur et compositeur – son œuvre abondante totalise plus de 600 compositions. Ce *Menuet*, une danse de cour à 3 temps, fut écrit en tant qu'exercice pour clavecin.

103. MENUET – duo CD 2 / 45

Jean-Sébastien Bach

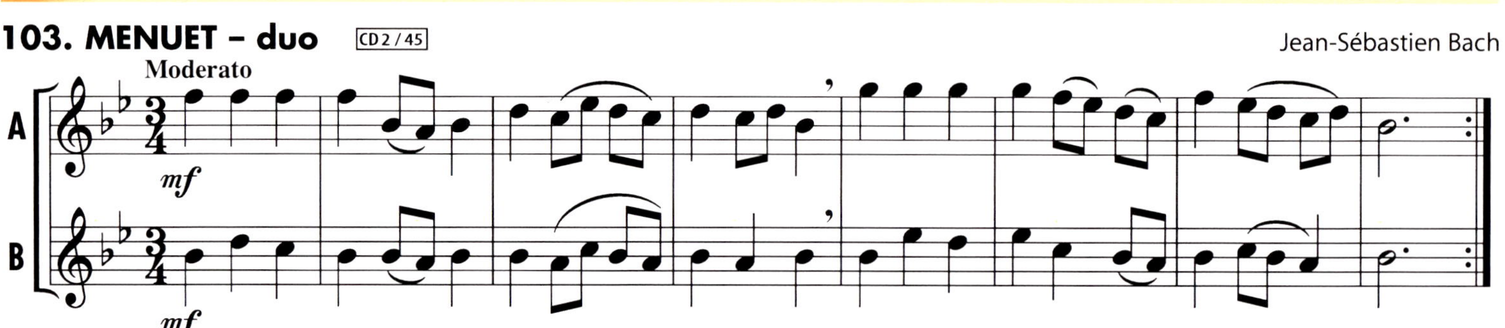

104. EXERCICE DE CRÉATIVITÉ

CD 2 / 46

Cette mélodie peut être jouée en 3/4 ou en 4/4. Écrivez au crayon l'une des deux mesures à la clé et dessinez les barres de mesure avant de jouer. Ensuite, effacez les barres de mesure et essayez l'autre mesure à la clé. Les phrases donnent-elles une impression différente ?

105. NATURELLEMENT

CD 2 / 47

Mi
Mi♭

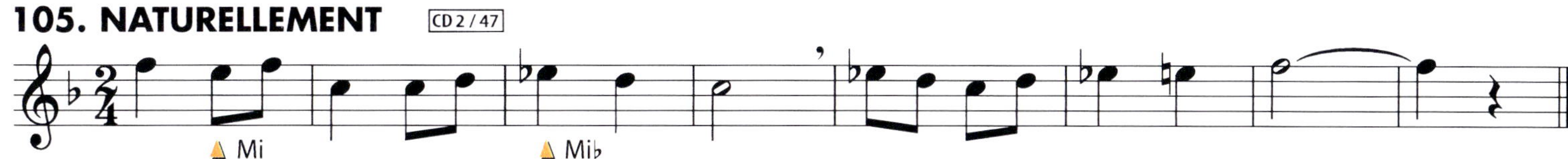

Le compositeur autrichien **Franz Schubert** (1797-1828) a vécu moins longtemps que n'importe quel autre grand compositeur, mais il a écrit une quantité incroyable de musique : entre autres, plus de 600 *lieder* pour voix et piano, dix symphonies, de la musique de chambre, des opéras, des œuvres chorales et des pièces pour piano. Sa *Marche Militaire* était à l'origine écrite pour piano à 4 mains.

HISTOIRE

106. MARCHE MILITAIRE – Nouvelle note

CD 2 / 48

Franz Schubert

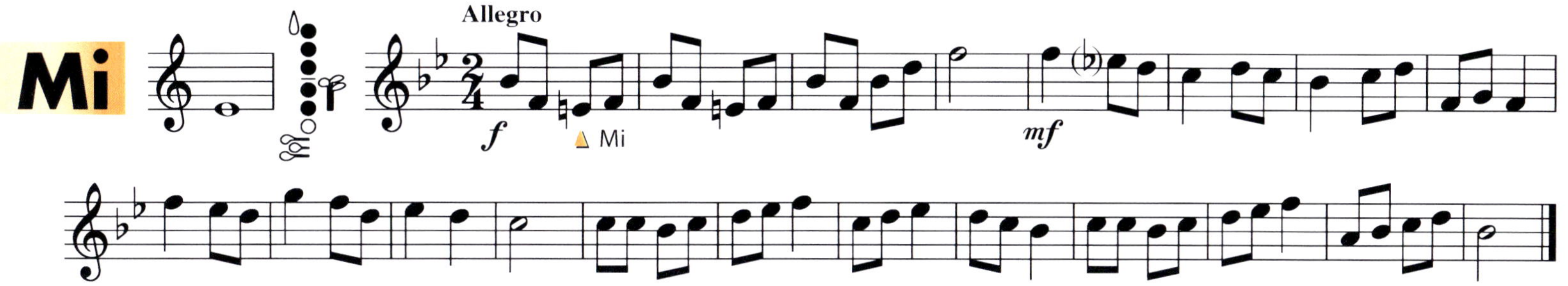

Mi
Allegro
f
Mi
mf

107. ZONE BÉMOLISÉE – Nouvelle note

CD 2 / 49

Optez pour le doigté du Mi♭ à gauche (doigté alt.) avant ou après un Ré♭

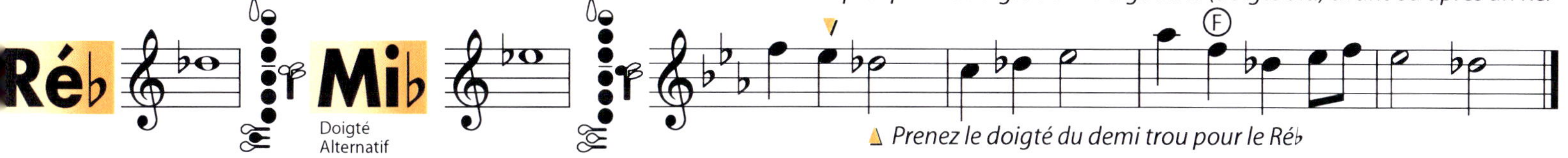

Ré♭
Mi♭
Doigté Alternatif
F
Prenez le doigté du demi trou pour le Ré♭

108. ON TOP OF OLD SMOKEY

CD 2 / 50

Chanson traditionnelle américaine

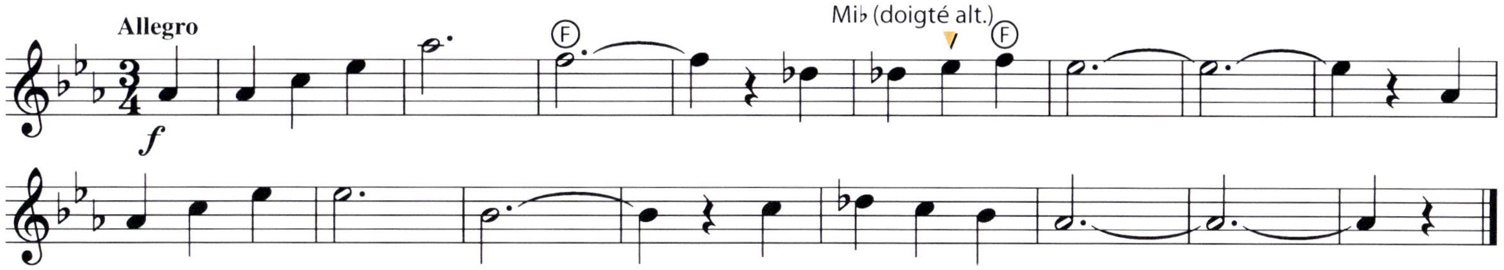

Allegro
f
F
Mi♭ (doigté alt.)
F

Le **boogie-woogie** est un style pianistique de jazz, né au début du XXe siècle. Il s'agit d'une forme instrumentale issue du blues, mais sur un rythme beaucoup plus rapide. En 1928, Clarence « Pine Top » Smith utilisa le terme pour la première fois sur un disque, *Pine Top's Boogie Woogie*.

HISTOIRE

109. BOTTOM BASS BOOGIE – duo

CD 2 / 51

Allegro
A
B
f
Mi♭ (doigté alt.)
Mi♭ (doigté alt.)
Mi♭ (doigté alt.)
F
Mi♭ (doigté alt.)
1.
2.

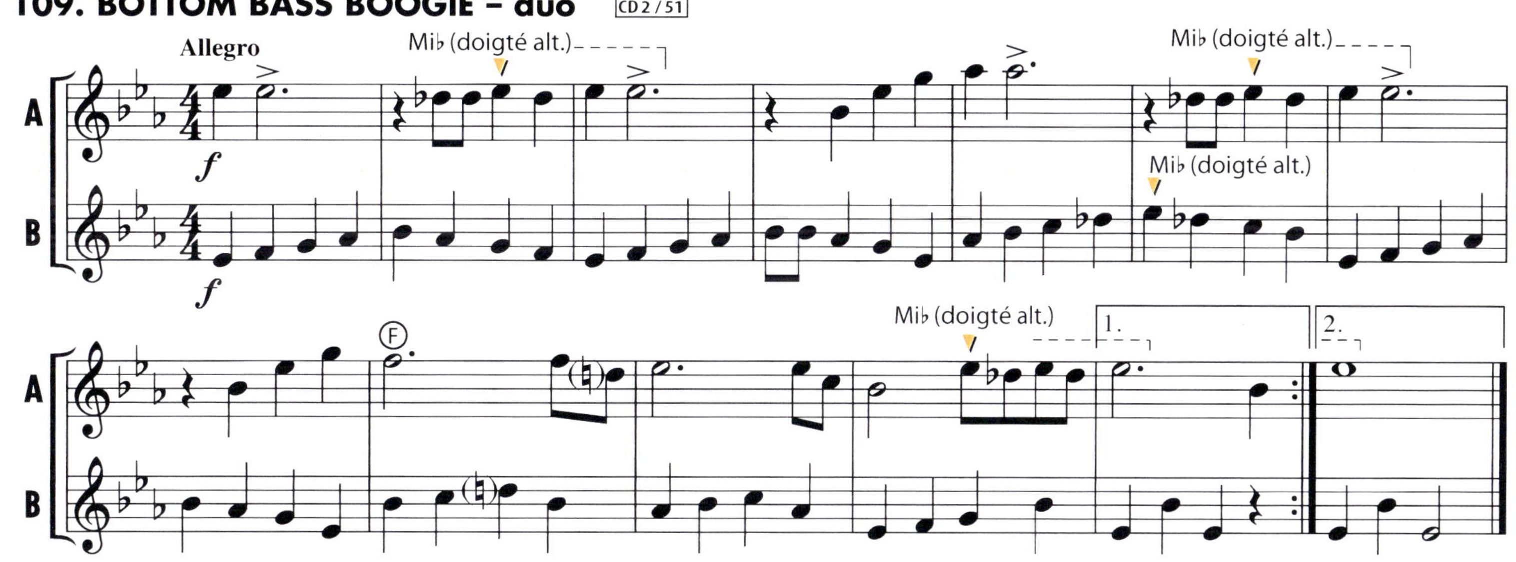

Noire pointée
Croche
= 2 temps
1 & 2 &
Le point augmente de moitié la durée de la note.
1 & 2 &
La hampe d'une croche seule est dotée d'un crochet.
110. RAP RYTHMIQUE
CD 2 / 52
Tapez
111. MISE AU POINT
CD 2 / 53
112. TOUTE LA NUIT
CD 2 / 54
Fine
Mi♭ (doigté alt.)
Mi♭ (doigté alt.)
D.C. al Fine
mf
p
113. CHANSON DE MARINS
Le débit d'air ne doit pas faiblir.
CD 2 / 55
Chanson traditionnelle anglaise
Moderato
f
mf
f
114. SCARBOROUGH FAIR
CD 2 / 56
Chanson traditionnelle anglaise
Andante
mf
f
Mi♭ (doigté alt.)
Mi♭ (doigté alt.)
mf
p
115. RAP RYTHMIQUE
CD 2 / 57
Tapez
116. ROTATION
CD 2 / 58
117. TEST – CE N'EST QU'UN AU REVOIR
CD 2 / 59
Chanson traditionnelle écossaise
Andante
mf
f
Vérifiez le rythme.

PIÈCES DE CONCERT

Solo avec accompagnement au piano

Ce solo peut être interprété avec ou sans accompagnement au piano. La mélodie est extraite de la ***Symphonie n° 9 (« du Nouveau Monde »)*** du compositeur tchèque **Antonin Dvořák** (1841-1904). Composée entre janvier et mai 1893 à New York, cette symphonie s'inspire de chants traditionnels américains et de spirituals. Le *Largo* en est le mouvement le plus célèbre.

118. THÈME – SYMPHONIE N° 9 « DU NOUVEAU MONDE » CD 2 / 60

Antonin Dvořák

Les bons musiciens savent motiver les autres. Sur cette page, les clarinettistes travaillent le registre aigu de leur instrument (Sauts de chat). Les cuivres travaillent la souplesse des lèvres, tandis que les percussionnistes se concentrent sur les combinaisons de doigtés. Le succès de votre orchestre dépend des efforts et de la motivation de tous ses membres.

125. TEST *Écrivez les noms des intervalles, en comptant à partir de la note la plus grave.* CD3 / 7

intervalle : seconde

126. SAUTS DE CHAT N° 4 CD3/8

127. TROIS PAR TROIS CD3/9

128. SAUTS DE CHAT N° 5 CD3/10

129. EXERCICE DE TECHNIQUE CD3/11

130. CROISEMENT CD3/12

Trio Un **trio** est une composition à trois voix.
Travaillez ce trio avec deux autres musiciens et écoutez bien l'harmonie des trois parties.

131. KUMBAYA – trio *Vérifiez toujours l'armature.* CD3/13

Chanson traditionnelle africaine

Barres de reprise
Répétez le passage situé entre les barres de reprise.
(Lorsque les mesures de 1re et 2e fois sont intégrées dans le passage à répéter, il suffit alors revenir au premier signe de reprise et non au début du morceau.)
132. MICHAEL ROW THE BOAT ASHORE
CD3 / 14
Spiritual afro-américain
Andante
mf
1.
2.
133. VALSE AUTRICHIENNE
CD3 / 15
Chanson traditionnelle autrichienne
Moderato
f
134. BOTANY BAY
CD3 / 16
Chanson traditionnelle australienne
Allegro
mf
f
mf
THEORIE
Signe C
mesure à quatre-quatre
Battre la mesure
Exercez-vous à battre la mesure à quatre temps.
135. EXERCICE DE TECHNIQUE
Travaillez cet exercice à tous les niveaux d'intensité sonore.
CD3 / 17
136. FINLANDIA
CD3 / 18
Jean Sibelius
Andante
p
mf
p
1.
2.
137. EXERCICE DE CRÉATIVITÉ
CD3 / 19
Créez vos propres variations en ajoutant, au crayon, un point et un crochet
pour changer le rythme de n'importe quelle mesure de
en

138. GRANDS SAUTS DE CHAT CD 3 / 20
139. EXERCICE DE TECHNIQUE Vérifiez toujours l'armature. Entourez les notes délicates. CD 3 / 21
140. ENCORE UN EXERCICE DE TECHNIQUE CD 3 / 22
141. DU, DU LIEGST MIR IM HERZEN CD 3 / 23
Chanson traditionnelle allemande
Moderato
mf
1.
2.
142. THE SAINTS GO MARCHIN' AGAIN CD 3 / 24
James Black et Katherine Purvis
Allegro
f
1.
2.
143. CHAT PERCHÉ CD 3 / 25
144. UNE BELLE TRAVERSÉE CD 3 / 26
145. ENCORE DES SAUTS DE CHAT CD 3 / 27
146. TRAITEMENT COMPLET CD 3 / 28

THEORIE

Gamme

Une **gamme** est une série ascendante ou descendante de sons conjoints. Pour former une gamme on utilise septs notes de noms différents plus une, la huitième qui n'est que la répétition de la première note à l'octave supérieure. La gamme peut être Majeure ou mineure. La gamme présentée ci-dessous est celle de Si♭ Majeur, c'est-à-dire qu'elle commence et se termine par la note Si♭. L'intervalle entre les deux Si♭ est une octave.

147. GAMME DE SI♭ MAJEUR CD3 / 29

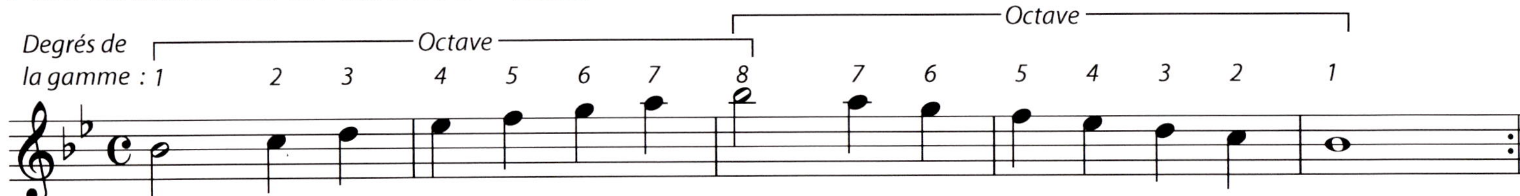

THEORIE

Accords et arpèges

Un **accord** est défini comme l'association de trois sons ou plus joués ensemble.
L'accord Majeur de trois sons est constitué de la note fondamentale (1er degré de la gamme), de la tierce (3e degré de la gamme) et de la quinte (5e degré de la gamme).
Dans le cas d'un **accord brisé (arpège)**, les notes sont jouées successivement au lieu d'être jouées ensemble.

148. EN HARMONIE *Divisez les notes des accords entre les membres de l'orchestre et jouez-les.* CD3 / 30

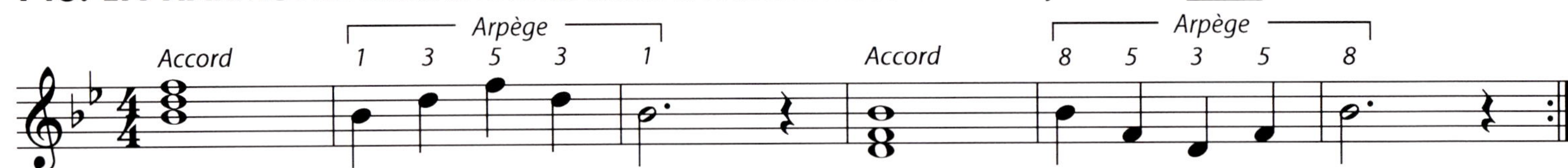

149. GAMME ET ARPÈGE CD3 / 31

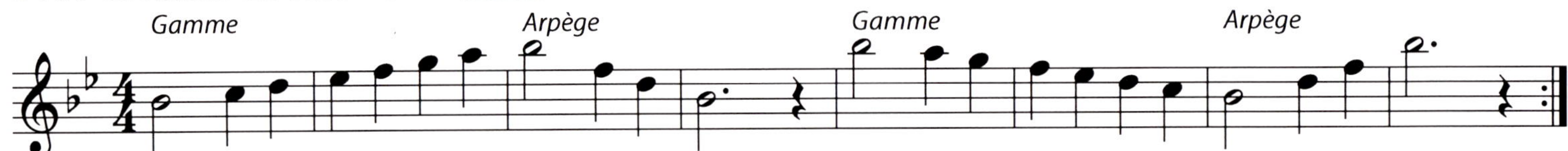

HISTOIRE

Le compositeur autrichien **Joseph Haydn** (1732-1809) a écrit 108 symphonies. Ces œuvres, dont beaucoup ont reçu un nom, se distinguent par un langage musical élégant et original, unique à l'époque. La *Symphonie n° 84* a été surnommée « *La Surprise* » parce que le deuxième mouvement, très doux, comprend un accord fortissimo très inattendu prétendument destiné à réveiller un public assoupi. Il existe plusieurs autres explications tentant d'élucider l'origine de cet effet sonore tonitruant qu'Haydn a ajouté après coup puisqu'il ne figure pas dans le manuscrit original.

150. THÈME DE LA SYMPHONIE N° 94, « LA SURPRISE » CD3 / 32

Joseph Haydn

151. TEST – THE STREETS OF LAREDO CD3 / 33

Chanson traditionnelle américaine

Écrivez les noms des notes avant de jouer.

PIÈCES DE CONCERT

152. SCHOOL SPIRIT – Arrangement pour orchestre CD3 / 34

W.T. Purdy
Arr. John Higgins

Soli

Le terme solo — au pluriel, des **solos** ou des **soli** — désigne une œuvre ou un fragment d'œuvre interprété par un ou plusieurs musicien soliste. Identifiez les instruments qui jouent les passages soli.

153. CARNAVAL DE VENISE – Arrangement pour orchestre CD3 / 35

Julius Benedict
Arr. John Higgins

Allegro

soli

Fin de soli

EXERCICES PRÉPARATOIRES QUOTIDIENS

POUR DÉVELOPPER LA SONORITÉ ET LA TECHNIQUE

154. TRAVAIL DE L'ÉTENDUE ET DE LA SOUPLESSE CD3/36

155. TRAVAIL DE LA TECHNIQUE CD3/37

156. CHORAL CD3/38

Jean-Sébastien Bach

p mf p

HISTOIRE

La mélodie traditionnelle hébraïque *Hatikvah* est l'hymne national d'Israël depuis la naissance de ce pays, en 1948.

157. HATIKVAH CD3/39

Hymne national d'Israël

158. RAP RYTHMIQUE CD 3 / 40

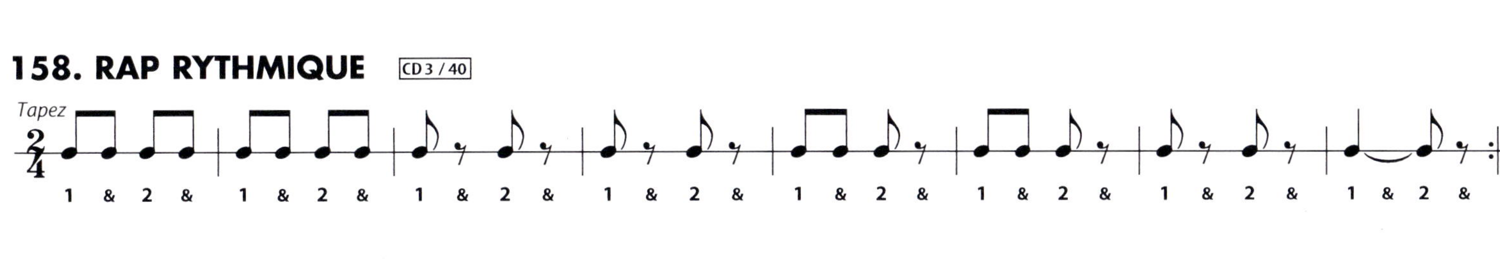

159. MARCHE EN CROCHES CD 3 / 41

160. MENUET CD 3 / 42

Jean-Sébastien Bach

161. RAP RYTHMIQUE CD 3 / 43

162. CROCHES ET CONTRETEMPS CD 3 / 44

163. COURSE DE CROCHES CD 3 / 45

164. TEST CD 3 / 46

165. AIR DE DANSE – Nouvelle note CD3 / 47

HISTOIRE

Le compositeur et chef américain **John Philip Sousa** (1854-1932) a écrit 136 marches. Surnommé « le roi de la marche », Sousa est l'auteur de *The Stars and Stripes Forever, Semper Fidelis, The Washington Post* et bien d'autres œuvres patriotiques.
À chaque fois que Sousa parcourt le monde avec son propre Orchestre à Vent, le public est ébloui par l'excellence des interprétations. On doit lui reconnaître une grande part de mérite dans le développement de l'Orchestre d'Harmonie tel que nous le connaissons aujourd'hui. La mélodie de l'exercice suivant est extraite de sa célèbre opérette, *El Capitan*.

166. EL CAPITAN CD3 / 48

John Philip Sousa

HISTOIRE

Ô Canada, précédemment intitulée *Chanson nationale*, fut jouée pour la première fois en 1880 dans la région francophone du Canada. Cette œuvre fut traduite en anglais par Robert Stanley Weir en 1908, mais elle ne devint l'hymne national du Canada qu'en 1980, un siècle après sa création.

167. Ô CANADA CD3 / 49

Calixa Lavallée, Adolphe B. Routhier et R.S. Weir

Maestoso (Majestueusement)

168. TEST – SUR MESURE CD3 / 50

Comptez et tapez cet exercice avant de le jouer. Sauriez-vous le diriger ?

Enharmonie

L'enharmonie désigne la synonymie qui existe entre deux notes de noms différents mais affectées toutes deux au même son (et produites avec le même doigté). Le tableau de doigté qui se trouve pages 46-47 de votre manuel indique le doigté des **notes enharmoniques** (ou **notes synonymes**) pour votre instrument.

Sur le clavier d'un piano, chaque touche noire correspond à la fois à une note bémolisée et diésée.

THEORIE

169. LE CHARMEUR DE SERPENTS *Deux notes enharmoniques sont jouées avec le même doigté.* CD4/1

Sol♭/Fa♯

170. OMBRES PORTÉES CD4/2

171. RENCONTRES *Deux notes enharmoniques sont jouées avec le même doigté.* CD4/3

Ré♭/Do♯

172. MARCHE SLAVE CD4/4

Piotr Ilitch Tchaïkovski

173. NOTES DÉGUISÉES *Les notes enharmoniques sont produites avec le même doigté.* CD4/5

Sol♭/Fa♯

Notes chromatiques

Une **gamme chromatique** est une gamme qui comprend la totalité des douze notes du système musical (autrement dit, l'ensemble des touches blanches et noires d'un clavier de piano qui se trouvent dans une intervalle d'octave). On appelle **notes chromatiques**, les notes qui constituent la gamme chromatique. Deux notes chromatiques sont séparées par un demi-ton.

174. ÉTUDE EN DEMI-TONS CD4/6

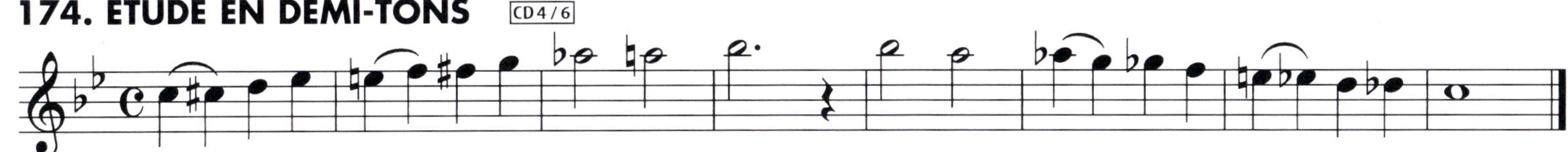

HISTOIRE

Les œuvres du compositeur français **Camille Saint-Saëns** (1835-1921) s'étendent à tous les genres musicaux, de l'opéra à la musique sacrée, de la symphonie à la musique de chambre. La *Danse Égyptienne* est un des principaux thèmes du célèbre opéra *Samson et Dalila*, écrit en 1877. Parmi ses œuvres les plus célèbres, on citera la grande fantaisie zoologique, *Le Carnaval des animaux*.

175. DANSE ÉGYPTIENNE *Faites attention aux notes enharmoniques.* CD4/7

Camille Saint-Saëns

176. BARQUE SOUS UNE LUNE D'ARGENT CD4/8

Chanson traditionnelle chinoise

Largo

mf

Fine

f

p

D.C. al Fine

HISTOIRE

Incompris de ses contemporains, le compositeur allemand **Ludwig van Beethoven** (1770-1827) est aujourd'hui l'un des compositeurs les plus universellement admirés. Sa surdité et son tempérament bouillonnant font de sa vie une légende.
Ses neuf symphonies et ses concertos pour piano sont les œuvres les plus connues. Sa 9e *Symphonie* est interprétée lors de diverses célébrations festives telles que la cérémonie marquant la réunification de l'Allemagne, en octobre 1990.
Voici le thème du 2e mouvement de sa 7e *Symphonie*.

177. THÈME (7e SYMPHONIE) – Duo CD4/9

Ludwig van Beethoven

Allegro (assez vif!)

A

B

p

Mi♭ (doigté alt.)

Mi♭ (doigté alt.)

9

mf

1.

2.

Mi♭ (doigté alt.)

Mi♭ (doigté alt.)

Mi♭ (doigté alt.)

HISTOIRE

Le compositeur russe **Piotr Ilitch Tchaïkovski** (1840-1893) a révolutionné l'histoire de la musique en donnant au ballet ses lettres de noblesse. Il triomphe avec *Le Lac des Cygnes*, *La Belle au Bois Dormant* et *Casse-Noisette*. Tchaïkovski est également l'auteur de six symphonies, de l'*Ouverture 1812* et du *Capriccio italien*, tous deux été écrits en 1880.

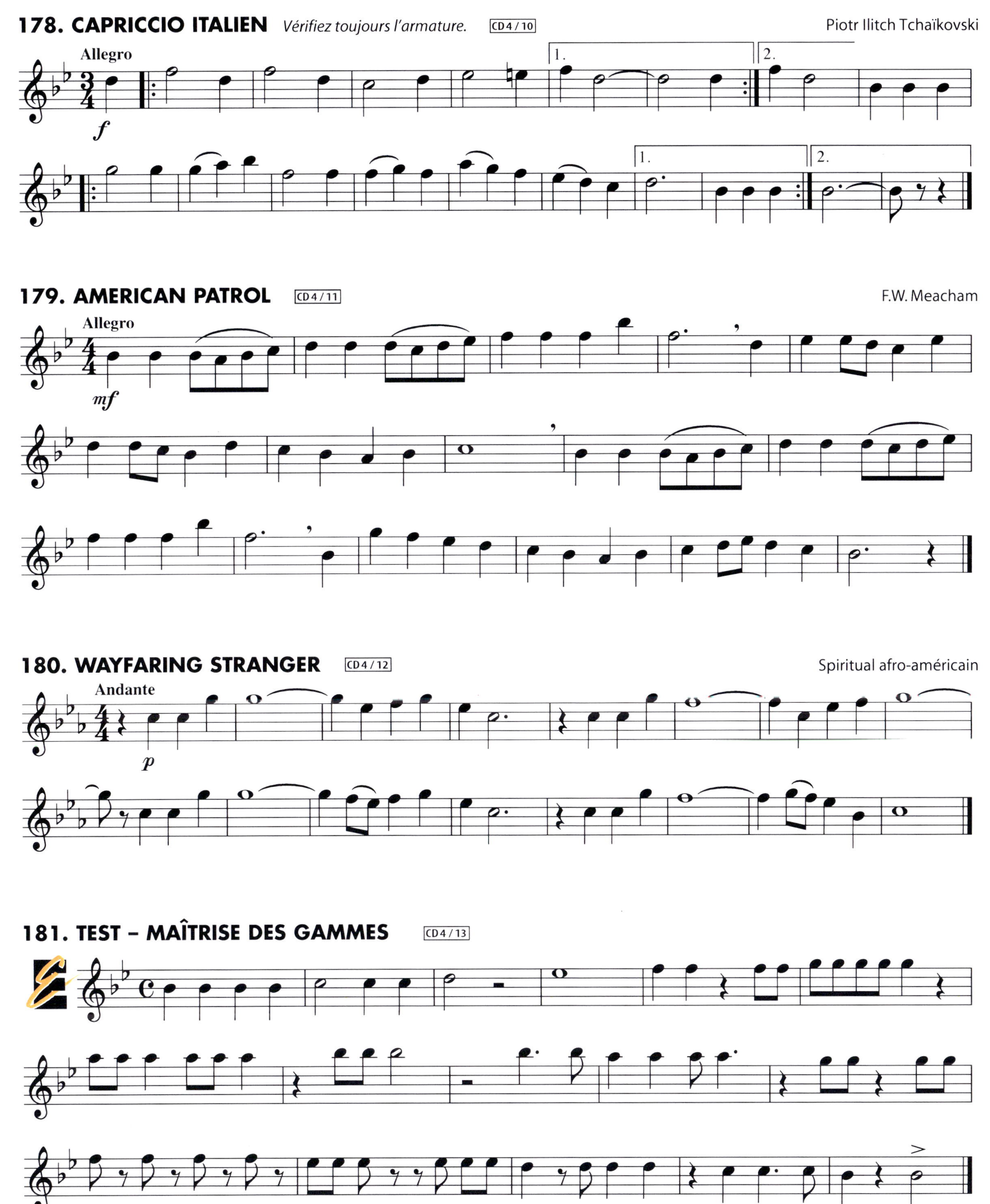

PIÈCES DE CONCERT

182. AMERICA THE BEAUTIFUL – Arrangement pour orchestre

CD4/14

Samuel A. Ward
Arr. John Higgins

183. LA CUCARACHA – Arrangement pour orchestre

CD4/15

Chanson traditionnelle latino-américaine
Arr. John Higgins

PIÈCES DE CONCERT

184.THÈME (EXTRAIT DE L'*OUVERTURE 1812*) – Arrangement pour orchestre

Piotr Ilitch Tchaïkovski
Arr. John Higgins

PIÈCES DE CONCERT

Solo avec accompagnement au piano

Pour un musicien, jouer en public est une expérience particulièrement stimulante. Ce solo est extrait de la *Sérénade en Sol Majeur KV 525*, connue sous le titre de *Eine kleine Nachtmusik (Une petite musique de nuit)*. **Wolfgang Amadeus Mozart** composa cette œuvre en 1787.

185. UNE PETITE MUSIQUE DE NUIT – Solo *(version en Si♭ Majeur)* CD 4/18

Wolfgang Amadeus Mozart
Arr. John Higgins

DUOS

Voici pour vous l'occasion de jouer en duo avec un ami. L'autre musicien n'est pas obligé de jouer du même instrument que vous. Essayez de vous accorder parfaitement en termes de rythme, de justesse et de sonorité. Au bout d'un moment, vous arriverez peut-être à donner l'impression que les deux parties sont jouées par une seule personne !
Ensuite, essayez d'inverser les rôles.

ÉTUDE DES GAMMES DE RUBANK®

ÉTUDE DES GAMMES DE RUBANK®

ÉTUDES DE RYTHME

CD 4 / 40 (tempo lent)
CD 4 / 41 (tempo rapide)

ÉTUDES DE RYTHME

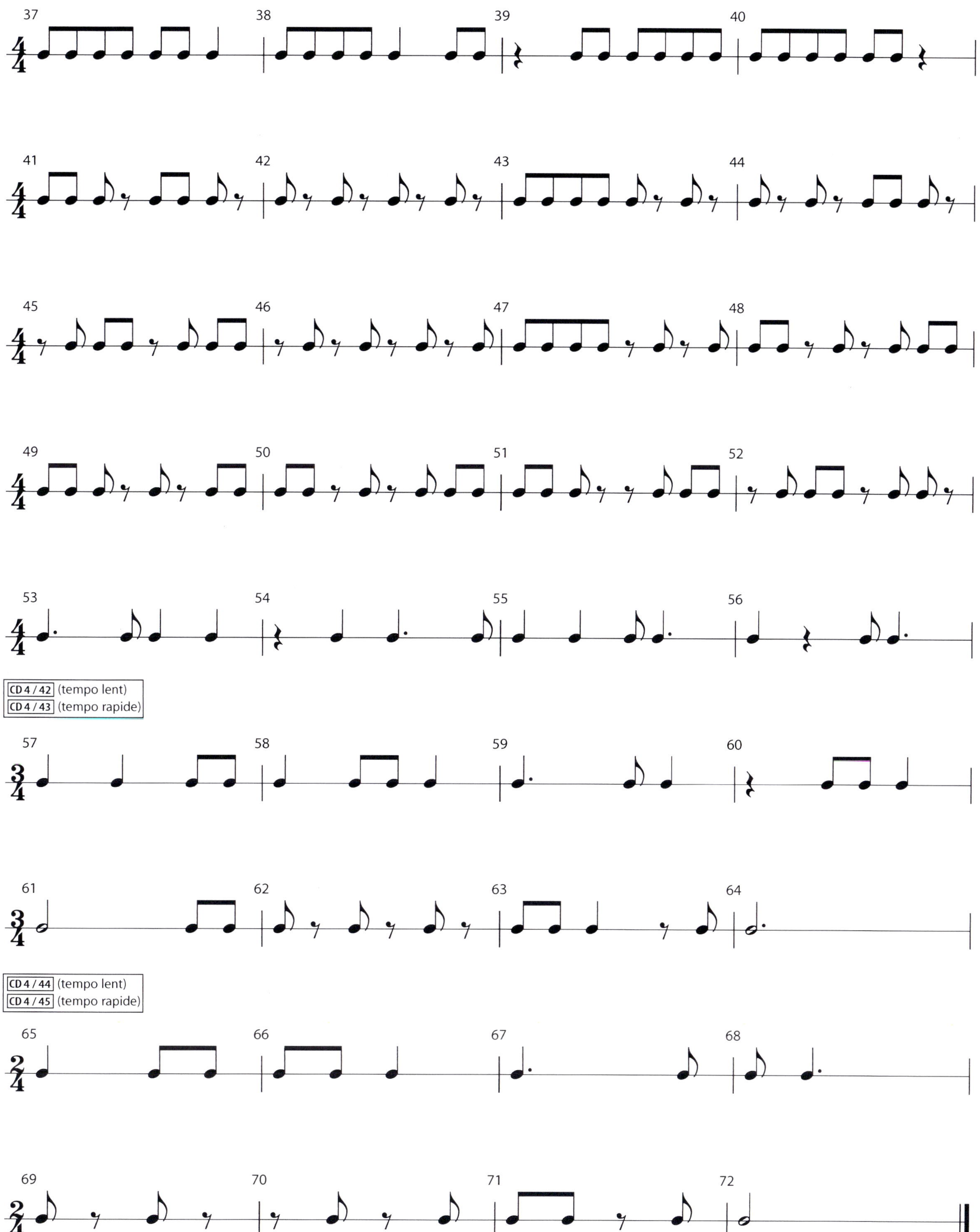

COMPOSITION MUSICALE

THEORIE

Composition

Dans le domaine musical, la **composition** est l'art d'écrire une œuvre imaginée par soi-même. Le processus commence souvent par la création d'une mélodie composée de **phrases** individuelles, comme on le ferait pour un texte. Certaines mélodies comportent des phrases qui semblent répondre à d'autres phrases ressemblant à des questions, comme dans l'*Hymne à la joie* de Beethoven. Jouez cette mélodie et écoutez comme les phrases 2 et 4 répondent de façon légèrement différente à la même « question » (phrases 1 et 3).

1. HYMNE À LA JOIE

Ludwig van Beethoven

1. Question *2. Réponse* *3. Question* *4. Réponse*

2. QUESTIONS ET RÉPONSES

Écrivez vos propres « réponses » aux phrases 1 et 3 de cette mélodie.

1. Question *2. Réponse*

3. Question *4. Réponse*

3. CRÉATION DE PHRASES

Écrivez 4 phrases différentes selon le rythme indiqué au-dessus de chaque portée.

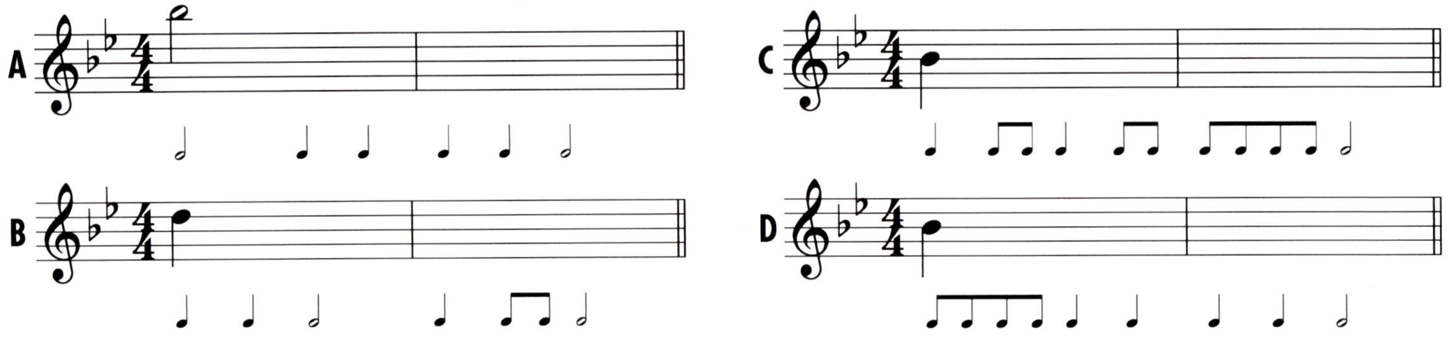

A

C

B

D

4. PREMIÈRE COMPOSITION : ____________________

Prenez l'une des phrases (A, B, C ou D) ci-contre et reproduisez-la dans les parties « Question » ci-dessous. Ensuite, écrivez 2 réponses différentes (phrases 2 et 4).

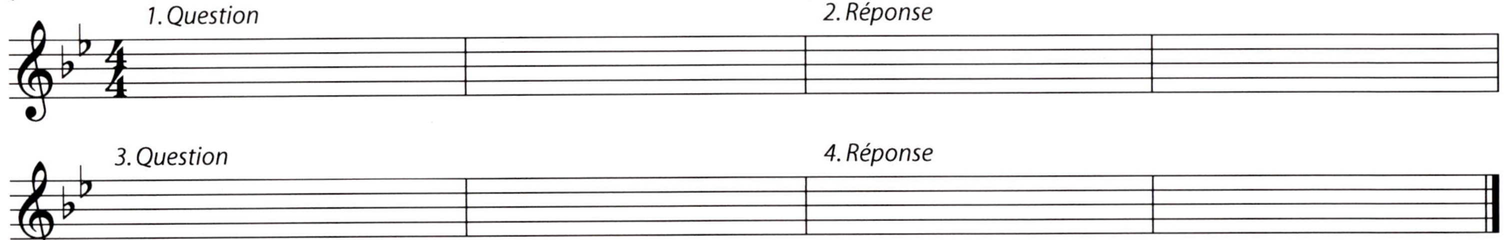

THEORIE

Improvisation

L'**improvisation** est une manière d'inventer librement et de jouer simultanément de la musique. Servez-vous des notes données pour jouer votre propre mélodie (ligne A) en harmonie avec l'accompagnement (ligne B).

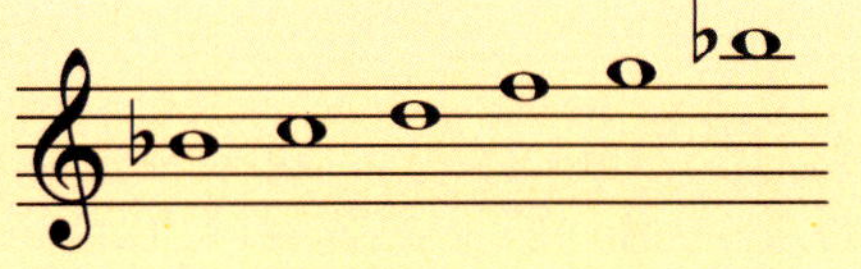

5. MÉLODIE INSTANTANÉE

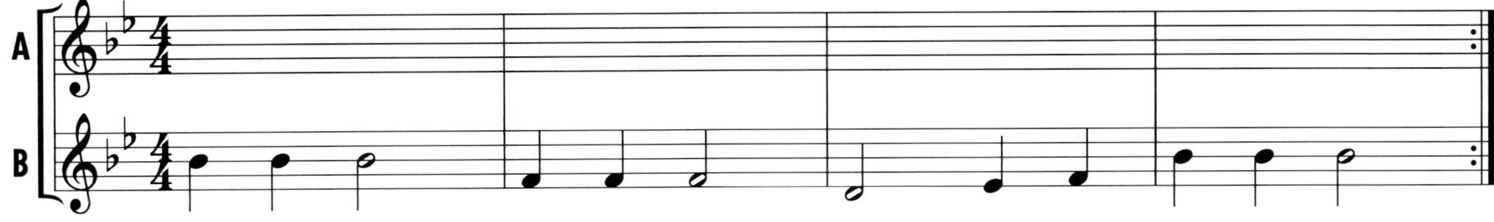

Cette page vous permet de noter vos progrès par rapport à ce livre. Coloriez les étoiles selon les directives de votre professeur.

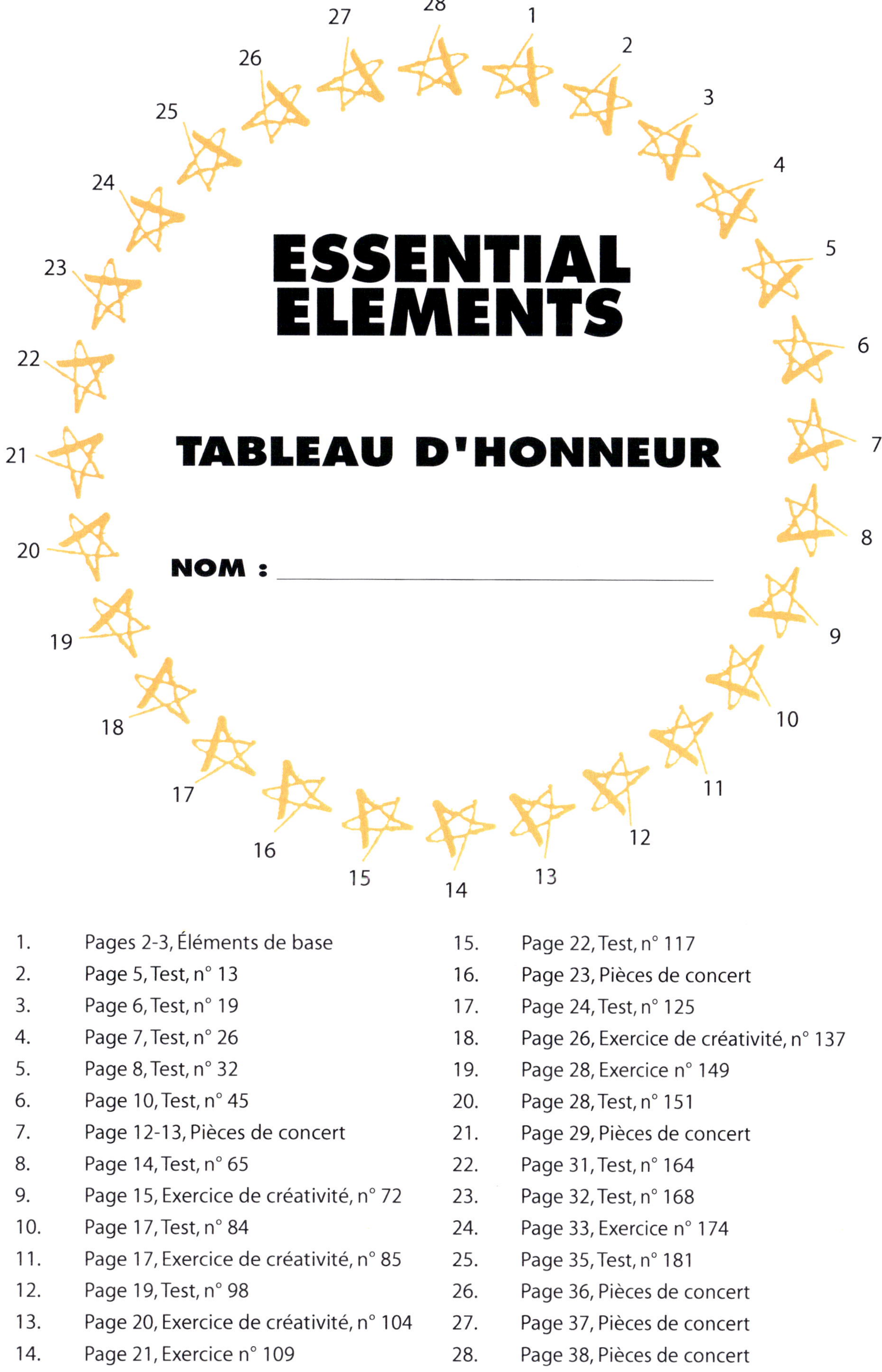

1. Pages 2-3, Éléments de base
2. Page 5, Test, n° 13
3. Page 6, Test, n° 19
4. Page 7, Test, n° 26
5. Page 8, Test, n° 32
6. Page 10, Test, n° 45
7. Page 12-13, Pièces de concert
8. Page 14, Test, n° 65
9. Page 15, Exercice de créativité, n° 72
10. Page 17, Test, n° 84
11. Page 17, Exercice de créativité, n° 85
12. Page 19, Test, n° 98
13. Page 20, Exercice de créativité, n° 104
14. Page 21, Exercice n° 109
15. Page 22, Test, n° 117
16. Page 23, Pièces de concert
17. Page 24, Test, n° 125
18. Page 26, Exercice de créativité, n° 137
19. Page 28, Exercice n° 149
20. Page 28, Test, n° 151
21. Page 29, Pièces de concert
22. Page 31, Test, n° 164
23. Page 32, Test, n° 168
24. Page 33, Exercice n° 174
25. Page 35, Test, n° 181
26. Page 36, Pièces de concert
27. Page 37, Pièces de concert
28. Page 38, Pièces de concert

LA MUSIQUE – UN ÉLÉMENT ESSENTIEL DE LA VIE

TABLEAU DE DOIGTÉ

HAUTBOIS

Entretien de l'instrument - Rappel

Lorsque vous avez fini de jouer, avant de ranger l'instrument dans son étui :

- Retirez l'anche avec précaution et soufflez dedans. Rangez-la dans sa boîte.
- Démontez l'instrument en sens inverse de l'assemblage. Essuyez chaque partie avec un écouvillon. Si l'écouvillon est muni d'un poids, faites passer celui-ci dans chaque tube et tirez. Rangez chaque partie à sa place dans l'étui.

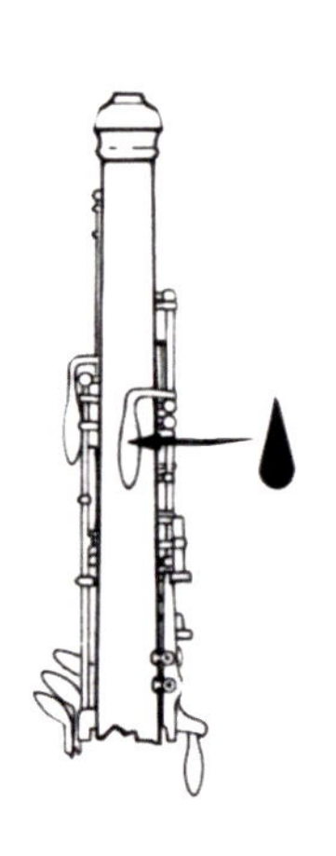

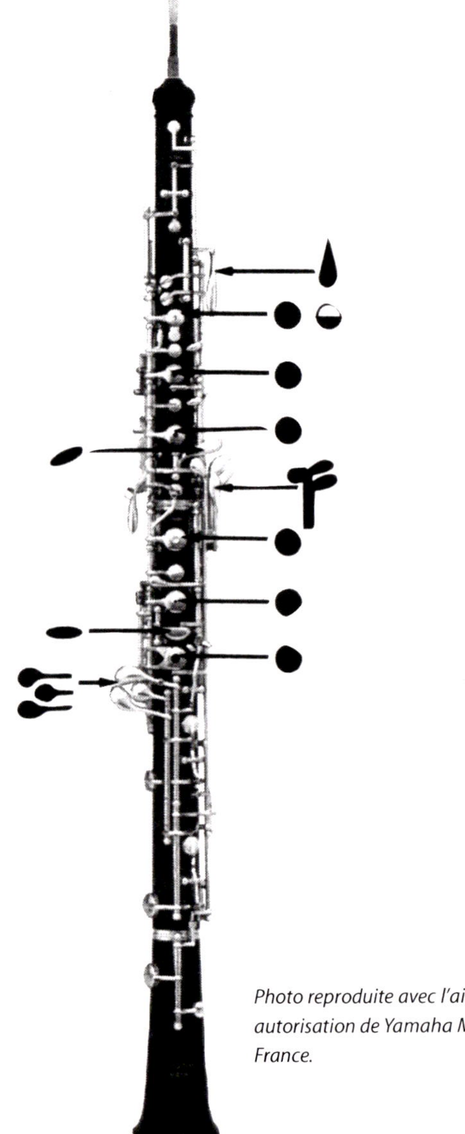

Photo reproduite avec l'aimable autorisation de Yamaha Musique France.

○ = Clé non appuyée
● = Clé appuyée
◒ = Demi trou (clé appuyée mais trou ouvert)

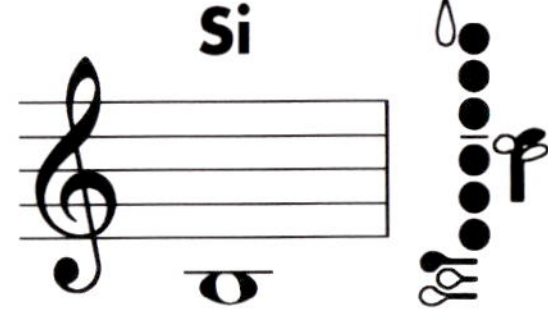

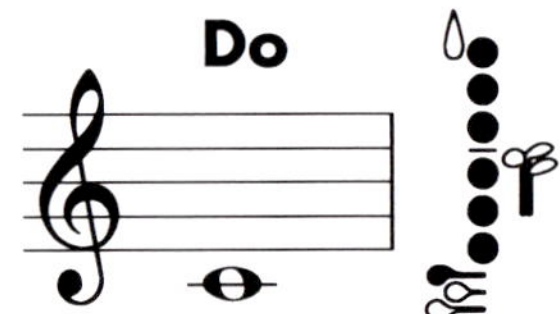

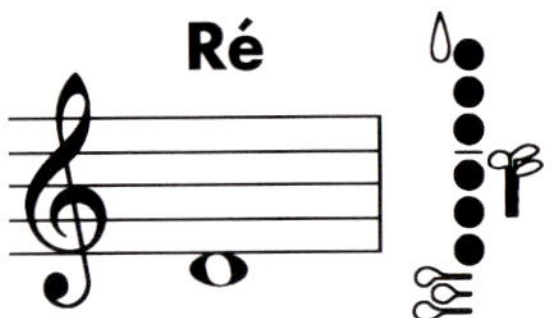

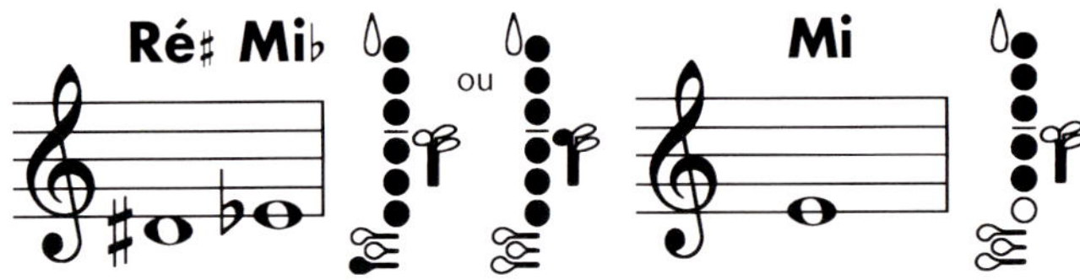

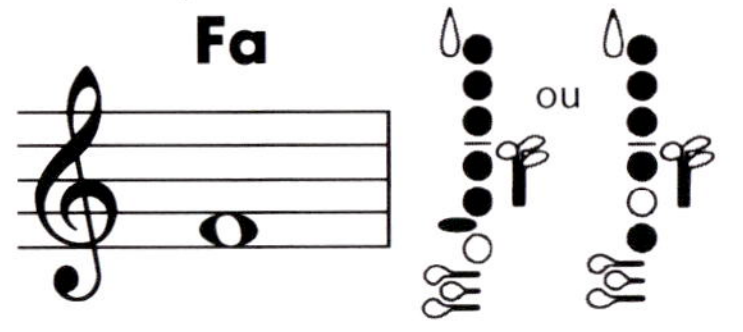

TABLEAU DE DOIGTÉ

HAUTBOIS

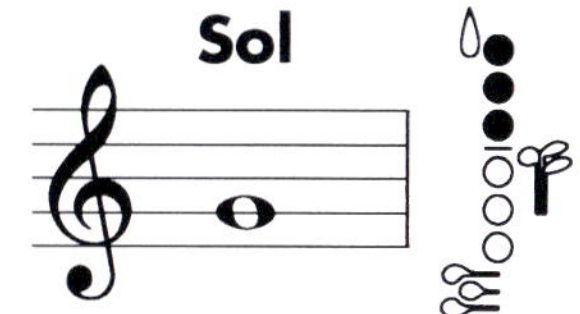

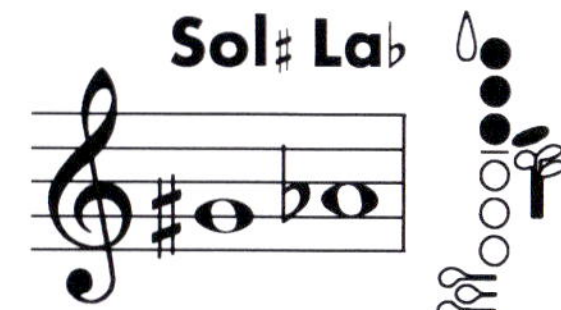

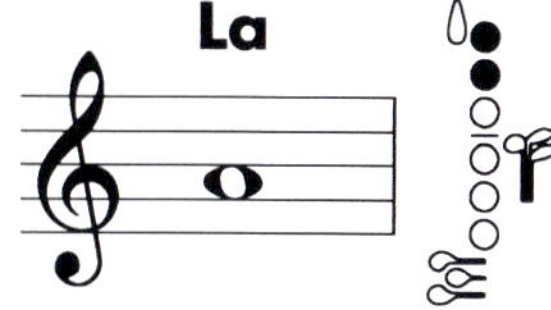

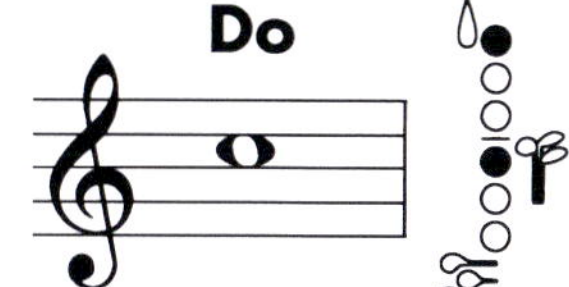

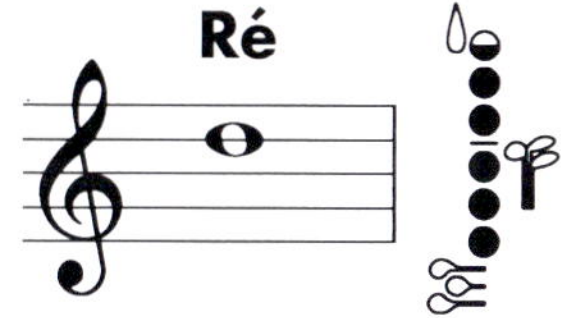

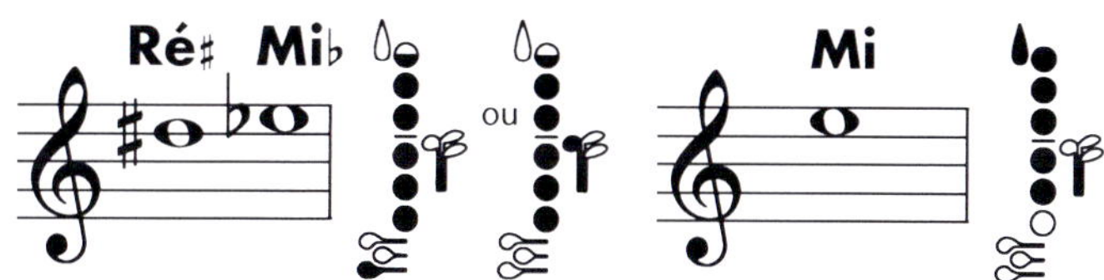

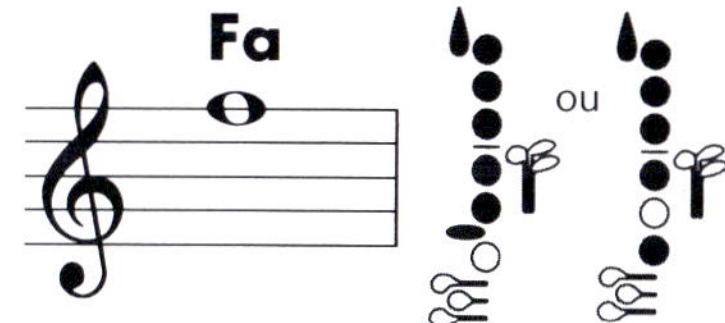

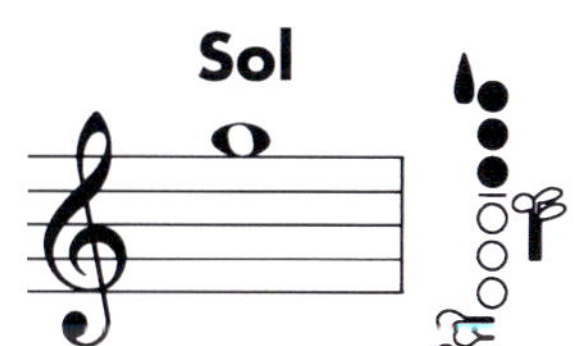

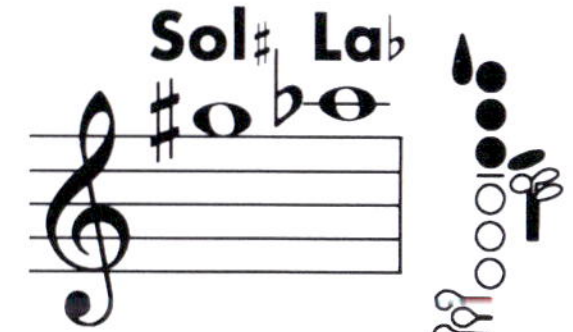

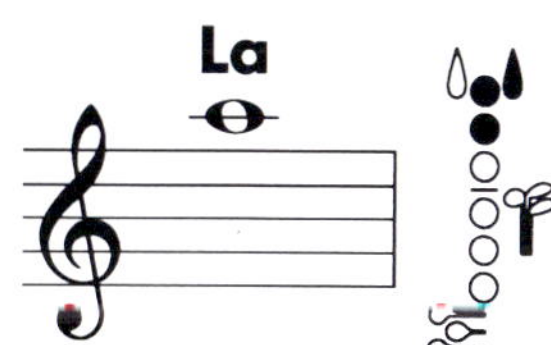

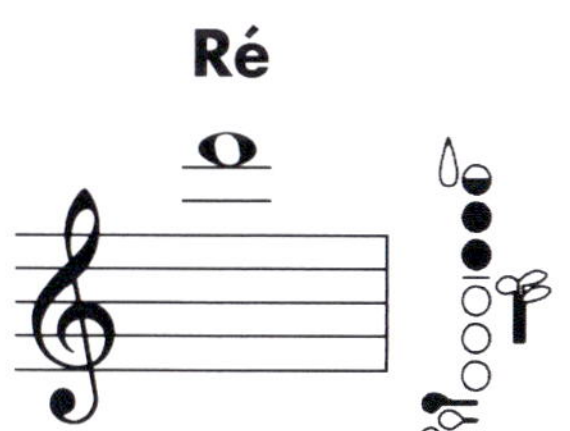

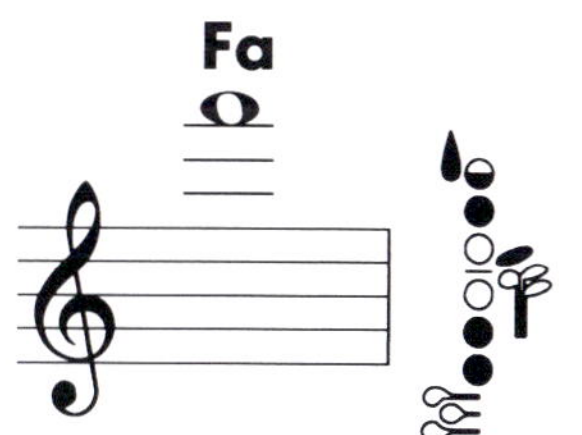

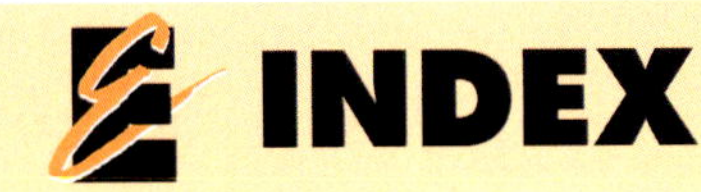

INDEX

Définitions (page)

Compositeurs

Musiques du monde